KB231083

이왕이면 잘 팔리는 책을
쓰고 싶어

일러두기 · 이 책은 국립국어원의 맞춤법과 표준어 표기를 기준으로 집필하였습니다. 다만 독자에게 더 익숙한 표현을 고려해 일부 단어는 실제 사용 빈도가 높은 표기(예: '컨셉', '멘탈' 등)를 사용했습니다.

· 이 책은 '처음 글을 쓰는 사람'부터 '오래 썼지만 고민이 많은 사람'까지 누구나 쉽게 따라올 수 있도록 구성되어 있습니다.

· 이 책은 처음부터 순서대로 읽지 않아도 됩니다. 관심이 가는 꼭지나 지금 필요한 주제부터 골라 읽어도 도움이 되도록 구성했습니다. 자신의 글쓰기 단계와 고민에 맞는 장을 먼저 펼쳐 보시기 바랍니다.

이왕이면 잘 팔리는 책을 쓰고 싶어

'쓰는 사람'에서
'읽히는 작가'로

이윤영 지음

two
Rabbits

"이렇게 다 공개해도 되는 건가?"

이 책을 처음 읽고 든 생각입니다. 책 쓰기 강의를 들으면서 들었던 모든 이야기가 본문에 고스란히 담겨 있습니다. 원고를 읽는 내내 마치 강의를 다시 한 번 듣는 느낌이었습니다. 모두가 쓸 수 있는 글 말고 '나만 쓸 수 있는 글'을 쓰라고 재치와 유머, 재미와 감동, 거기에 냉정하고 정확한 비평과 공감까지, 육각형 글쓰기 피드백이 있다면 아마도 이윤영 작가의 책 쓰기 수업이 아닐까 생각합니다. 그 수업을 책으로 만날 수 있다니 이보다 더 큰 행운이 있을까요? 처음에는 평범했던 제 글도 한 편 두 편 작가님과 함께 쓰다 보니 어느새 한 권의 책이 되어 이제는 '작가'라는 이름으로 우뚝 서게 되었습니다.

- 정귀영 작가,《우리의 아이가 스마트폰에 집착하는 진짜 이유》

'그때 이 책을 만났다면, 나는 덜 돌아가지 않았을까.'

내 이름이 적힌 책 한 권을 꿈꾸던 시절이 있었습니다. 방법을 몰라 수많은 책 쓰기 관련 책을 붙잡고 헤맸습니다. 출간 작가가 된 지금, 이 책을 읽다가 생각했습니다. '그때 이 책을 만났다면, 나는 덜 돌아가지 않았을까.' 이제 막 첫 문장을 쓰려는 이들의 외로운 전쟁에서 이윤영 작가는 믿고 기댈 수 있는 아군입니다. 책 쓰기라는 막막함에 지친 모두에게 시행착오를 줄여 줄 책이 있어 든든합니다.

- 호사 작가, 《먹는 마음》, 제10회 브런치북 출판 프로젝트 대상 수상

"이제는 조금 뻔뻔해지세요."

그의 글쓰기 수업은 유난히 시끄러웠습니다. 도서관에서 여러 글쓰기 수업을 진행해 봤지만 그의 수업만큼 시끌벅적한 수업은 흔하지 않습니다. 참여하시는 분들이나 강의를 하는 작가님이나 다들 유쾌하고 즐겁게 함께 글 쓰고, 나누는 과정을 보면서 저도 그동안 몰래 숨겨 놓았던 저만의 글을 한 권의 책으로 완성했습니다. 많은 용기가 필요했고 작업하는 과정에서 어려운 점도 많았지만, 이윤영 작가님이 항상 이야기하는 '조금 뻔뻔해지

니' 할 만했습니다. 한 권의 책을 세상에 내어놓고 나니 '하길 참
잘했다'라는 생각만 남습니다. 아직도 '내 이름으로 된 책 한 권
을 내고 싶어'라고 고민만 하고 망설이는 분들! 조금 용기를 내
어 보시면 좋겠습니다. 저도 했으니까요!!!

- 김은미 작가(사서), 《사서의 책갈피: 이 책, 읽어? 말어?》

"더 늦기 전에 도파민 터지는 출간 작가의 짜릿함을 맛보시죠!"

출간을 꿈꾸는 분들에게 이 책은 '작은 기록이 모여 책이 된다'
는 과정을 현실적이면서도 구체적으로 말해줍니다. 저 역시 작
가님의 수업을 따라 내 안의 이야기를 한 페이지 채우기까지 오
래 머뭇거렸고, '나의 삶이 과연 글이 될 수 있을까?' 두렵기도
했습니다. 하지만 짧은 글을 하나둘 쌓아가다 보니 그 조각들이
자연스럽게 연결되어 결국 '한 권의 책'으로 완성되는 짜릿한 순
간을 경험했습니다. 그 과정 속에서 삶을 정리하는 일이 주는 위
로와 힘이 얼마나 깊은지도 배웠습니다. 책 쓰기가 준 '배움'이
지요. 이 책은 책 쓰기를 시작하려는 저처럼 평범한 사람들에게,
두려움 대신 단단한 용기를, 외로움 대신 다정한 '책 쓰기 방법'
을 알려 주는 든든하고도 따뜻한 조력자입니다.

- 고라해 작가, 《과학을 좋아하고요 그런데 사람을 좋아합니다》, 《나의 업
  무 해방일지》

"이 시간이 너무 행복하다."

이윤영 작가의 글쓰기 수업을 함께하던 어느 날, 그날의 기분 좋은 충만감을 잊고 싶지 않아 휘리릭 써 놓은 글귀입니다. 출퇴근과 양육, 가사 일이 반복되는, 오늘이 어제 같고 내일에 대한 기대감이 생기지 않던 때였지요. 글감을 찾으려 과거를 돌아보고 현재를 관찰하고 사소한 것들을 기록하다 보니 똑같아 보이던 매일이 실은 조금씩 다른 무늬를 가지고 있다는 것을 알게 되었습니다. 글쓰기가 불러온 '엄청난 발견'이었지요. 글쓰기도 연습이고 공부입니다. 오랜 기간 갈고 닦은 글쓰기 비법을 알려 주시며 꾸준히 글을 쓰도록 옆구리를 꽉꽉 찔러 주신 이윤영 작가님 덕분에 글을 쓰는 사람이 되었습니다. 글로 기록하기 위해 조금씩 다른 일을 시도해 보기도 합니다. 저는 '아주 다른 사람'이 되어 가고 있습니다.

– 정현진 작가,《The Beauty of English: 삶에서 만난 영어의 아름다움》

약한 멘탈 대신, 든든한 루틴을 믿으며

책을 쓰겠다고 마음먹었을 때 참 막막했습니다. 인터넷을 뒤져 책 쓰기를 알려 준다는 강의를 무턱대고 찾아갔다가 수강료가 천만 원이 넘는다는 말에 걸음아 날 살려라를 외치며 도망 나온 적도 있었고, 책을 쓰는 게 답답해서 도서관 한구석에서 소설책을 읽다가 그 소설책의 작가에게 무작정 당시의 고민이 가득 담긴 메일을 보낸 적도 있었습니다. 그런 무모함은 도대체 어디에서 나오게 되었는지 지금 생각하면 웃음이 절로 나옵니다. 그래서일까요? 저는 글쓰기에 관한 여러 책을 쓰면서 마음 한편에는 '책 쓰기에 관한 책'이 남았습니다. 하루 10분 간단한 메모를 통해 누구나 쉽게 글쓰기를 영접(?)할 수 있는《글쓰기가 만만해지는 하루 10분 메모 글쓰기》부터 글쓰기의 숨은 디테일을 알려주는《모르면 호구되는 맞춤법 상식》까지 다섯 권의 글쓰기 연작 시리즈를 내면서 언젠가는 꼭 '책 쓰기에 관한 책'을 써야지 마음먹고는 했습니다. 저처럼 책을 쓰는 과정에서 겪게 되는 여러 '멘붕(?)'의 시기를 많은 초보 작가님들은 겪게 하고 싶지 않았기 때문입니다.

책 쓰기는 오롯이 혼자 하는 일이기에 수많은 고민과 지루한 고뇌들이 연일 이어지는 외로운 '전쟁터'입니다. 한 권의 책을 써 내려가려면 챙겨야 할 것들이 수없이 많기에 책을 쓰면서 지금 잘하고 있는 것인지 불안합니다. 또 그런 불안한 자신을 바라보며 자꾸 초라해지곤 합니다. 그럼에도 불구하고 써야 할 글이 있으니 마음 편히 놀 수도 없고, 쓰고 싶은 책이 있으니 포기하고 싶지도 않습니다. 그런 흔들리는 순간이 올 때마다 나를 단단히 잡아 주는, 무언가가 있었으면 하고 바랐습니다. 그것은 바로 매일 체크해야 할 사항들을 알려주고, 내가 놓치고 있는 부분은 없는지 점검해 주는, '루틴'이었습니다.

이 책은 7년이라는 시간 동안 아홉 권의 책을 쓴 작가가 외롭게 혼자서 책을 쓰는 분들을 위해 건네는, 저만의 책 쓰기 '루틴'을 정리해 놓았습니다. 한 땀 한 땀 이 루틴을 순서대로 따라가다 보면, 어느새 여러분의 손에는 그동안 '꿈'으로만 생각했던 자신의 이름으로 된 책 한 권이 놓여 있을 것입니다.

물론 글쓰기의 최종 목적지가 반드시 '책'일 필요는 없습니다. 누군가는 일기나 메모, SNS의 글로도 충분히 자신의 생각과 감정을 표현할 수 있습니다. 때로는 힘들고 어렵게 쓴 한 권의 책보다 가볍게 던진 짧은 글 한 편이 더 큰 파급력을 갖기도 합니다. 하지만 다양한 종류의 글을 오랜 시간 써오면서 느낀 것은, 한 권의 책을 끝까지 밀고 써 나가며 깨닫게 되는 것이 단편적인 글쓰기보다 훨씬 많다는 사실입니다. 그래서 쉽게 흔들리는 '멘탈' 대신 든든한 책 쓰기 '루틴'을 세심하게 알려 드리고자 했습니다. 눈앞에 내 이름으로 된 책 한 권이 실재하게 되면 더 좋은 글을 쓰고 싶어지는 열망이 생기고, 세상을 바라보는 시선도 정교해집니다.

늦게 시작한 공부로 인해 원고가 완성되기까지 긴 시간이 걸렸습니다. 오랜 시간 기다려주신 투래빗 출판사의 이소영 대표님께 진심으로 감사드립니다. 더불어 공부와 연구를 병행하는 아내와 엄마를 위해 언제나 응원을 아끼지 않는, 저의 인생 베스트프렌드인 두 남자에게도 고마운 마음을 전합니다.

― 2026년 봄을 기다리며 도서관에서

이윤영 작가 드림

차례

PART 1

쓰고 싶고, 읽히고 싶고, 팔리고 싶다

PART 2

팔리는 책의 뼈대를 세우는 법

PART 3

책의 운명은 문장 안에 있다

쓰고 싶고,

읽히고 싶고,
팔리고 싶다

PART 1

내 글이 팔리는 책이 될 수 있을까?

책 쓰기 수업을 진행하면서 놀라웠던 사실 중 하나는 내 이름으로 된 책을 갖고 싶은 열망은 가득하지만, 정작 어떤 소재나 장르를 써야 할지 생각하지 못한 채 수업에 임하는 분들이 상당히 많다는 것입니다. "특별한 경험도 없고, 남들에게 내세울 만한 전문 지식도 없는, 평범한 제가 과연 책을 쓸 수 있을까요?"라는 질문은 강의실에서 자주 들리는 말입니다. 그들의 한결같은 고민의 지점은 바로 '평범함'입니다. 하지만 분명하게 말할 수 있는 것은, 평범함이야말로 책 쓰기의 가장 좋은 소재라는 사실입니다. 서점에서 마주하는 베스트셀러나 화제의 영상 콘텐츠 중에는 지극히 평범한 일상의 기록에서 출발한 사례가 너무나 많습니다.

대중의 깊은 공감을 얻으며 웹툰과 드라마로까지 확장된 《서울 자가에 대기업 다니는 김 부장 이야기》가 대표적인 사례인데요. 이 작품의 시작은 거창하고 대단한 작가의 집필실이 아닌, 어느 평범한 직장인의 블로그였습니다. 당시 11년 차 직장인이었던 송희구 작가는 사람들이 붐비는 출퇴근 시간을 피하고자 새벽 첫차를 타고 출근했고, 회사에 도착하면 새벽 6시 30분이었다고 합니다. 업무를 시작하는 오전 8시 30분까지의 두 시간은 그에게 너무나 소중한 시간이었습니다.

당연한 이야기겠죠! 꼭두새벽부터 일어나 준비하고 출근했으니 그 시간이 얼마나 귀하겠습니까? 그런 귀한 시간을 허투루 보내고 싶지 않았던 송 작가는 그 시간에 하고 싶은 걸 해보자고 마음먹었고, 자신의 일상을 하나하나 기록해서 블로그에 올리기 시작했습니다. '김 부장 이야기' 역시 은퇴 후 생활을 걱정하는 부장님들의 소소한 잡담들을 듣다가 쓰기 시작했다고 합니다. 닉네임으로 올린 이 이야기는 다양한 커뮤니티에 올라가며 입소문을 타기 시작했고, 독자들의 지지와 응원으로 종이책으로 출간되고, 웹툰과 드라마화까지 이어지는 결과를 낳았습니다.

　책 쓰기 수업에서 만난 삼십 대 중반의 직장인 A씨 역시 평범한 직장인이었습니다. 그는 어릴 적부터 막연히 자신의 이름으로 된 책 한 권을 내고 싶다는 소망을 갖고 있었습니다. 첫 수업 시간에 그는 책을 쓰고 싶은데 무엇을 써야 할지 모르겠다며 솔직한 고민을 토로했습니다. 그는 자신의 삶을 이렇게 표현했습니다. 매일 반복되는 엑셀 시트와 영수증 더미, 거대한 조직의 부속품으로 소모되는 과정, 이것이 A씨가 표현한 자신의 평범한 일상이었습니다. 그런 그에게 출퇴근 시간을 활용해 주변에 보이는 것들을 있는 그대로 기록해 보라고 권유했습니다. 처음에는 책 쓰기 수업을 들으러 온 사람에게 이렇게 단순한 과제를 주냐며 약간 의아한 표정을 지었습니다. 첫날 그의 기록은 "오늘도 사람이 많다", "피곤하다", "저녁으로는 뭘 먹을까?" 같은 단순한 감정의 나열이었습니다. 그러나 시간이 지나자 그의 기록은 세밀해졌습니다. "졸고 있는 옆자리 어르신의 낡은 구두 뒷굽에 묻은 흙먼지, 족히 10년 이상은 신으신 듯하다. 어르신은 낮에 어디를 다녀오신 걸까?", "스마트폰을 쥔 청년의 팽팽하게 당겨진 손등 핏줄, 아마도 지금 게임을 하고 있는 모양이다. 지고 있는 걸까?", "출입문 유리에 비친 자신의 공허한 눈빛과 여의도 한강의 불빛이 교차된다. 눈부신 불빛과 나의 공허한 눈빛" 이렇게 그의 세밀한 일상의 기록은 자신의 삶을 '관찰자'의 시선으로 보게 하는 계기가 되었습니다. 뿐만 아니라, 이런 과정을 통해 그는 자신의 삶을 객관적으로 응시하게 되었습니다. 늘 평범하게만 느껴졌던 일상의 이면을 들여다보며, A씨는 비로소 자신의 삶에서도 책으로 엮을 만한 주제와 소재들을 하나둘 찾아내기 시작했습니다.

많은 예비 작가들이 집필을 망설이는 이유는 '내 삶이 너무 평범해서 내세울 이야기가 없다'는 것입니다. 하지만 책으로 쓸 만한 이야기는 그냥 나오지 않습니다. 꾸준한 일상의 기록을 통해서 이루어집니다. 서사, 즉 이야기는 일상의 세밀한 기록을 통해 확장됩니다. 기록되지 않은 삶은 사라지지만, 기록되는 순간 사소한 일상이라도 '이야기'의 재료가 됩니다. '김 부장 이야기'를 쓴 송 작가 역시 자신이 그 이야기를 쓸 수 있었던 것은 꾸준히 일상을 기록한 덕분이라고 했습니다.

평범한 일상을 글로 옮긴다는 것은 보이지 않던 나의 이야기를 보이게 만드는 일입니다. 징돈되시 않은 감정의 고백을 지나 매일 마주하는 나와 타인의 삶의 모습이 그동안 제대로 살펴보지 못해, 숨어 있었던 나의 많은 이야기를 담고 있을 때가 있습니다.

　책을 낸 경험이 있는 작가들은 앞다투어 말합니다. 누구나 책을 쓸 수 있고, 당신도 할 수 있다고 말이죠. 저 역시 처음에는 그 말을 믿지 않았습니다. 책이란 아주 대단한 사람만이 쓰는 것으로 알았습니다. 하지만 평범했던 저의 일상을 기록하고 다시 이것을 한 편 두 편 엮다 보니 어느새 지금 아홉 번째 책을 쓰고 있습니다. 자신의 일상을 기록하는 것 자체가 책 쓰기의 시작점입니다. 기록이 쌓여갈 때 무채색이었던 일상은 자신만의 고유한 문장이 되고, 거기서 새로운 무언가가 만들어집니다. 그것이 바로 한 권의 책으로 나아가는 첫걸음이 됩니다.

어디서부터 써야 할까?

마흔 초반, 쉼 없이 달려온 방송작가 생활은 겉보기에는 화려했으나 내면은 타버린 재와 다름없었습니다. 매일 이어지는 밤샘 작업과 시청률 압박은 번아웃을 넘어 갑상선 기능을 저하시켜 응급실을 여러 번 찾게 되는 상황에 이르렀습니다. 일주일에 두 번이나 응급실로 실려 가는 극한의 상황을 맞이하고서야 '20년'을 쥐고 있던 방송 원고를 내려놓았습니다. 몸과 마음이 무너져 내린 뒤 몇 년간은 숨을 고르는 시간의 연속이었습니다.

방송작가로 활발하게 활동하던 때 몇 번 책 출간 제안을 받은 적이 있었습니다. 하지만 매일 방송 원고를 쓰기에도 바빴고, 무엇보다 제가 책을 쓸 만한 '자격'이 있는 사람인가에 대한 의구심이 앞섰습니다. 모름지기 책을 쓰는 작가라면 학식이 뛰어난 분이나 대단한 업적을 세운 사람만이 할 수 있는 것이라고 생각했습니다. 또한 당시의 저는 (방송이라는 매체를 통해) 타인의 이야기를 전달하는 데에는 익숙한 사람이었지만 저의 내면을 꺼내놓아야 하는 것에서 미숙한 사람이었습니다. 몇 번의 출판사의 제안을 거절하며 제가 많이 했던 말은 '저는 책을 낼 만한 자격이 없는 사람입니다'였습니다.

그러던 어느 날, 지인으로부터 지금의 제 이야기를 책으로 써보라는 권유를 받았습니다. 뜬금없는 지인의 말에 겉으로는 화들짝 놀랐지만 속으로는 뭔가 뜨거운 것이 목구멍까지 차오르는 생경한 감정을 느꼈습니다. 태어나서 단 한 번도 느껴보지 못한 감정이었습니다. 하지만 상황은 이삼십 대 때와 정반대였습니다. 이제는 아무도 저에게 책을 써달라고 요청하지 않았습니다. '자격'을 의심하며 거절할 때는 몰랐는데, 정작 제안하는 곳이 사라지니 쓰고 싶은 마음이 간절해지는 아주 묘한 상황에 이르렀습니다. 그 후 조용한 카페를 찾아 헤맸고 한

적한 도서관의 구석진 자리를 지키며 한 편 한 편 원고를 써내려갔습니다. 제안도 없고, 시키는 사람도 없는 책의 원고를 쓰고 또 썼습니다. 그리고 어느 새 채워진 원고 안에는 나의 '부족함'에 대한 이야기가 가득했습니다. 남들보다 글쓰기를 늦게 해서 고군분투했던 이야기, 방송작가 생활을 하며 부족한 글쓰기 실력을 감추기 위해 남몰래 방송국 도서관에서 울었던 이야기, 심한 번아웃으로 인해 숨을 고르게 되면서 비로소 토해내듯 글을 쓰게 된 이야기 등 제 인생 곳곳에 묻어 있던 '부족함'으로 점철된 '자격미달'이자 '함량미달'인 이야기가 원고를 가득 채우고 있었습니다. 한마디로 찌질한 이야기가 가득했습니다.

고급 정보가 넘쳐나고 생성형 AI를 이용하면 손쉽게 전문 지식에 접근할 수 있는 시대입니다. 기술이 정점에 다다른 지금, 독자들이 굳이 무거운 책을 펼치는 이유는 무엇일까요? 더불어 이런 시대에 지금 쓰고 있는 우리의 이야기가 책으로 나왔을 때 독자에게 가닿을 수 있을까요? 저는 이 물음에 이렇게 되묻고 싶습니다. 나의 '자격 미달'이자 '함량 미달'인 '부족함'을 통해 독자들이 얻을 수 있는 것은 무엇이겠느냐고요.

책을 읽는 이유가 달라지고 있습니다. 과거에는 단순히 정보나 지식을 습득하기 위해서 책을 읽었다면 그런 단순한 정보와 지식은 쉽게 생성형 AI를 통해 얻을 수 있습니다. 하지만 생성형 AI가 할 수 없는 것은 글이 주는 '위로와 공감'입니다. 책을 읽고 인상적인 부분에 밑줄을 긋고, 그 문장을 다시 손으로 적어 노트에 옮기는 수고로운 과정을 거치는 이유가 여기에 있습니다. 이를 읽기의 자기 회복력이라고 할 수 있는데요. 인간은 읽기를 통해 삶의 다양한 문제를 해결할 수 있는 힘을 키웁니다. 특히 책을 통해 진한 감동을 느끼면서 무너졌던 자신을 일으켜 세우는 회복력을 얻게 됩니다. 같은 책을 읽더라도 사람마다 감동을 받는 지점이 다른 이유가 여기에 있습니다. 책은 이제 잘남을 뽐내는 수단이 아니라, 자신의 부족함을 정직하게 드러내는 창구가 되고 있습니다. 그렇기 때문에 부족한 사람, 자격이 미달인 사람도 책을 쓸 수 있고, 그런 사람이야말로 진짜 책을 써야 하고, 책을 쓸 수밖에 없는 사람입니다.

한번은 블로그에 제가 했던 '10분 메모 글쓰기 방법'을 올린 적이 있습니다. 댓글이 너무 많이 달려서 살펴보니 그 방법을 좀 더 자세히 알려달라는 것이었습니다. 사실 그 포스팅을 올리기 전 너무 작고, 뻔한 글쓰기 방법이 아닌가 엄청 고민하면서 올렸습니다. 하지만 독자들이 반응하는 것은 거창한 글쓰기 팁이 아닌 이런 소소하고 작지만 나에게 유용했던 조금 '부족한' 팁이었습니다. 이 일을 통해 부족함이 때로는 타인과의 자연스러운 연결 통로가 된다는 것도 알게 되었습니다.

책 쓰기가 막막하게 느껴질 때는 작법의 기술을 고민하기보다 지금 나의 '부족함'은 무엇인지 먼저 살필 필요가 있습니다. 꾸준히 책을 쓸 수 있었던 힘은 대단한 지식이 아니었습니다. 저의 '부족했던' 기록들 덕분이었습니다. 저의 부족한 글쓰기를 채워 준 '10분 메모 글쓰기', 아이와 함께 읽었던 책을 통해 얻은 '문해력' 이야기, 불안했던 마음을 스스로 다지기 위해 읽었던 '인문학' 이야기가 그것들입니다. 제 일상의 '부족한' 빈틈이 책을 짓기에 적합한 토양이 되었습니다. 잘난 사람들의 이야기가 넘쳐나는 시대에, 독자들은 자신의 부족함과 닮은 작가의 고백에서 비로소 숨을 쉽니다. 펜을 든 손에 실린 부족함이 독자의 마음을 움직이고, 동시에 작가 자신의 삶을 다시 일으켜 세우는 동력이 됩니다. 마음속 깊이 숨겨둔 부족함을 문장으로 꺼내어 놓는 순간, 책 쓰기는 이미 시작된 것이나 다름없습니다.

책으로 이어지지 못하는 글의 공통점

인생에서 단 한 번이라도 무언가에 미친 듯이 매달려 본 적이 있나요? 사실 우리 대부분은 적당히 타협하고 안온하게 사는 법에 익숙합니다. 하지만 책 쓰기는 나의 숨겨진 집요함을 강제로 끌어내 삶의 근육을 단단하게 만드는 묘한 경험을 선사합니다. 내가 만든 이야기를 끝까지 책임져야 한다는 사실이, 매일 책상 앞에 앉게 만드는 강력한 동력이 되기 때문입니다.

책 쓰기 수업에서 만난 B씨는 늦은 나이에 상담학을 전공하고 학생들과 학부모, 교사를 대상으로 하는 스마트폰 중독 예방 및 추후 조치에 관한 강의를 하는 상담 전문가였습니다. 그녀는 상담사 특유의 온유하고 차분한 성품이었습니다. 항상 미소를 잃지 않았고 어떤 경우에도 감정이 요동치지 않았습니다. 하지만 집필이 시작되자 상황은 달라졌습니다. 우선 끝없는 자료와의 싸움이 시작되었습니다. 평소 강의를 많이 해 온 그녀는 말로 하는 강의에는 익숙했지만 글로 자신의 생각을 표현하는 데에는 무척 어려워했습니다. 특히 책은 활자로 남기에 모든 문장에 근거가 필요합니다. B씨는 자신의 주장을 뒷받침할 통계와 연구 사례를 찾기 위해 산더미 같은 논문과 기록들을 뒤져야 했습니다. 차라리 논문을 쓰는 게 낫겠다는 하소연이 이어졌습니다. 단 한 줄을 쓰기 위해 수십 개의 참고 문헌을 대조하는 과정은 그야말로 '고행'에 가까웠습니다. 더불어 책은 심리적 압박감이 큽니다. 블로그나 SNS에 쓰는 글은 바로 수정하면 되지만, 책은 인쇄기에 들어가는 순간 중쇄에 들어가기 전까지 오탈자 하나 고칠 수 없습니다. 수만 번 반복되는 맞춤법 검사와 인용구 확인 과정은 온유했던 그녀를 예민하게 만들었습니다. 반복되는 수정과 퇴고 과정에 이르자 그녀는 지친 기색이 역력했습니다. 본문 집필 후에도 에필로그 쓰기, 작가 소개글 쓰기, 참고 문헌 정리 및 자료 확인

등 챙길 게 산더미였죠. 결국 그녀는 "작가님, 저 이제 그만 포기하고 싶어요"라는 말까지 내뱉었습니다. 하지만 그녀는 멈추지 않았고, 그 지루하고 고통스러운 임계점을 끈질기게 뚫고 나갔습니다.

흔히 자기 생각만 우기는 것을 '고집'이라 하고, 목표를 끝까지 밀어붙이는 것을 '집요함'이라 합니다. 책 쓰기에 필요한 건 당연히 후자입니다. 고집은 변화를 거부하며 스스로를 가두지만, 집요함은 더 나은 문장을 위해 끊임없이 고치고 다듬는 개방적인 태도에서 나옵니다. B씨가 보여준 것은 자신의 진심이 독자에게 정확히 전달되길 바라는 작가로서의 집요함이었습니다.

이런 몰입은 사람을 완전히 다른 존재로 만듭니다. 적당한 선에서 만족하던 습관은 사라지고, 본질을 끝까지 파고드는 힘이 생깁니다. 책 쓰기로 단련된 이 근성은 노트북 밖 일상으로도 퍼져나갑니다. 문제를 끝까지 해결하는 끈기와 세심함은 오직 한 권의 세계를 완성해 본 사람만이 얻는 선물 같은 것입니다.

그녀는 사투 끝에 《우리 아이가 스마트폰에 집착하는 이유》라는 책을 낸 작가가 되었습니다. 탈고 후 지칠 대로 지친 상태였지만, 눈빛만큼은 어느 때보다 또렷했습니다. 책이 나온 뒤 독자가 된 부모들이 그녀의 문장에 위로받았다는 후기를 전해올 때마다, 그녀는 자신이 견딘 시간이 타인의 삶을 돕는 힘이 되었음을 실감했습니다. 그녀가 남긴 소회는 꽤 인상적이었습니다.

"제 삶에서 이렇게 집요해 본 적이 없었어요. 그런데 그 과정이 지나고 보니 신기하게도 재미있더라고요."

적당히 타협해서는 절대 만날 수 없는 '또 다른 나'를 발견한 것입니다. 내 안에 이런 끈질긴 면이 있었는지 확인하는 건, 그 지독한 몰입의 터널을 통과해 본 사람만이 누리는 특권입니다.

한 권의 책을 쓰기 위해 자신의 경험을 다듬는 과정은 그 자체로 단단한 뿌리를 내리는 공부입니다. 이토록 무언가에 깊이 빠져본 사람은 인생의 어떤 풍파 앞에서도 쉽게 흔들리지 않습니다. 내 생을 기록하고 나만의 영역을 일구는 과정은 누구에게나 필요합니다. 책 쓰기는 나를 한 번쯤 집요하게 만들어 나를 다른 사람으로 변신시켜 줄 하나의 계기가 됩니다.

0.7평에서 길어올린 사유의 힘

여기 한 사람이 있습니다. 무려 20년 20개월이라는 시간을 사방이 벽으로 가로막힌 비좁은 공간에서 보낸 이입니다. 그에게 허락된 세상은 0.75평, 성인 한 사람이 간신히 몸을 누일수 있는 독방이었습니다. 그 안에서 외부와 소통할 수 있는 유일한 수단은 한 달에 단 한 번 쓸 수 있는 작은 엽서 한 장이전부였습니다. 가로 14.8cm, 세로 10cm에 불과한 그 작은 종이 위에 그는 촘촘하게 글자를 새겼습니다. 그는 이 소중한 지면을 일가친척들에게 보내는 편지로 채웠습니다. 여러 제약

속에서도 가족 한 사람 한 사람의 이름을 부르며 안부를 묻고, 내면에서 길어 올린 사유를 정성껏 나누었습니다. 햇볕조차 충분히 들지 않는 그곳에서 그는 원망 대신 가족 한 사람, 한 사람에게 질문을 던졌습니다. 그리고 이런 질문들은 자신의 내면을 깎고 다듬으며 꾸밈없는 성찰에 이르렀습니다. 절망의 공간을 자신을 투명하게 마주하는 성찰의 공간으로 바꾼 이 사람은 바로 작가 신영복입니다. 그의 책은 단순히 한 권의 책이 아닙니다. 0.75평의 한계를 넘어 가족을 향한 다정한 마음과 자신을 향한 성찰이 담긴 사유의 문장들《감옥으로부터의 사색》입니다.

성찰의 사전적 정의는 자기의 마음을 반성하고 살핌을 뜻합니다. 단순히 과거를 돌아보는 것을 넘어, 자신의 내면을 깊이 들여다보고 삶의 태도를 바로잡는 적극적인 행위죠. 신영복 작가가 작은 엽서를 통해 자신을 가다듬었듯, 글을 쓰는 과정은 이러한 성찰을 완성하는 도구가 됩니다. 글을 쓸 때 필연적으로 사유의 깊은 곳에 가닿게 되는 이유는 기록이 감정을 객관화하기 때문입니다. 내 안에 머무는 슬픔이나 분노는 형체가 없어 나를 집어삼키기 쉽지만, 그것을 문장으로 옮기는 순간 감정은 종이 위로 분리되어 관찰의 대상이 됩니다. 좁은 공간 안의 갈등을 글로 옮기며 사신을 대면했듯이, 쓰는 이는 문장을 통해 비로소 자신을 객관적으로 바라보는 시야를 얻습니다.

이렇듯 글쓰기가 흩어진 생각에 질서를 부여하는 과정이라면, 한 권의 책을 짓는 일은 그 질서를 넘어 자신만의 철학을 세우는 고차원적인 작업입니다. 한 편의 일기나 글을 쓰는 것과 책을 쓰는 것이 결정적으로 다른 이유는 책이라는 형식이 요구하는 단단한 논리 구조에 있습니다.

우선, 책 쓰기는 파편화된 경험들을 하나의 일관된 맥락으로 통합하도록 강제합니다. 단편적인 글쓰기에서는 그때그때의 생각과 감정에 충실하면 그만이지만, 한 권의 책을 완성하려면 수십 개의 문단이 하나의 주제를 향해 정렬되어야 합니다. 이 과정에서 앞뒤가 맞지 않는 생각과 소모적인 감정들, 아귀가 맞지 않는 모순들을 해결하다 보면, 내가 세상을 바라보는 고유한 관점이 드러납니다. 파편들이 모여 설계도가 되고, 그 설계도가 곧 개인의 철학이 되는 셈입니다.

또한, 책을 쓰는 데 필요한 절대적인 시간과 인내심은 가벼운 사유를 묵직한 신념으로 숙성시킵니다. 짧게는 몇 달, 길게는 몇 년 동안 하나의 주제를 붙들고 씨름하는 과정은 생각의 근육을 단련하는 훈련과 같습니다. 쉽게 변하는 기분이나 감정 등에 매몰되지 않고, 수많은 퇴고를 거치며 끝까지 살아남은 문장들은 작가의 뼛속에 새겨진 철학적 정수가 됩니다. 끈질기게 질문을 던지고 답을 찾는 반복적인 행위 자체가 사유를 철학으로 승격시키는 동력이 됩니다.

마지막으로, 책 쓰기는 가상의 독자를 상정함으로써 개인적인 한풀이를 넘어 보편적인 가치를 탐구하게 만듭니다. 나만 보는 글은 주관적인 감상에 머물기 쉽지만, 세상에 내놓을 책은 타인에게도 유효한 진실이 됩니다. 나의 고통이 왜 일어났고, 그 고통이 타인에게 어떤 의미를 줄 수 있는지 고민하는 과정에서 '나'라는 좁은 세계는 확장됩니다. 자신의 경험을 타인의 삶과 연결 지으려는 태도가 비로소 개인의 사유를 공고한 철학으로 완성하고 이는 독자에게 유효한 진실로 가닿습니다.

신영복 작가는 타인과의 소통이 단절된 곳에서 오직 자신을 마주하며 써 내려간 글들이 세월이 흘러도 변하지 않는 유효한 진실로 남는다는 것을 보여주었습니다. 멋진 수식어보다는 사유 끝에 얻어낸 정제된 문장이 읽는 이의 가슴을 더 깊게 파고듭니다. 고통 속에서도 생각을 멈추지 않았던 그는 공부를 머리에서 가슴으로, 다시 가슴에서 발까지 가는 여행이라고 말하며 생각을 내면화하고 그것을 삶의 현장으로 옮기는 것이 진정한 공부임을 강조했습니다.

한 권의 책은 작가가 삶을 두고 마주한 성찰의 기록입니다. 0.75평에서 가족에게 보낸 간절한 글들이 모여 시대의 고전이 되었듯, 개인이 던지는 작은 질문 하나도 소홀히 여길 수 없습니다. 오늘 던지는 진솔한 질문 하나가 훗날 한 권의 책을 지탱하는, 단단한 기둥이 됩니다. 치열한 사유는 책 쓰기의 본질이 기술이 아닌 나를 찾아가는 성찰의 여정임을 일깨워줍니다. 오늘도 노트북 앞에 앉아 스스로에게 질문을 던지는 그 시간 속에, 한 권의 책은 이미 깊은 뿌리를 내리고 있습니다.

책이 되는 덕질, 의미가 된 애정

세상에는 참 기묘한 학원들이 많습니다. '잠든 천재성을 깨워 준다'는 감언이설로 수강료를 가로채는 자기계발 프로그램이나 명상만으로 억눌린 재능을 분출시킨다는 캠프들이 도처에 널려 있습니다. 사람들은 그곳에 가면 마치 마법처럼 내 안에 숨겨진 금광을 발견할 수 있을 거라 기대하곤 합니다. 하지만 장담하건대, 밖에서 빌려온 삽으로는 내 마음의 바닥을 팔 수 없습니다. 내면의 무늬를 읽어내지 못한 채 외부에서 주입된 '성공 공식'을 따르는 것은, 남의 옷을 입고 내 몸에 맞길 기다리는 일만큼이나 공허한 짓입니다.

대치동의 잘나가던 입시학원 강사였던 C씨가 책 쓰기 프로그램의 문을 두드린 이유도 처음에는 지극히 '직업적'인 이유에서였습니다. 그는 칠판 앞에서 아이들에게 정답 고르는 법을 가르치고, 등급이라는 잔혹한 잣대로 인생을 줄 세우는 일에 능숙했습니다. 당연히 그가 쓰고자 했던 책도 '입시 필승 전략'이나 '상위 1%를 위한 공부법' 같은 것이었습니다. C씨는 초반에 입시 관련 원고를 채워나가며 숨 막히는 강박에 사로잡혔습니다. 남들이 보기에 그럴싸한 결과물을 내놓아야 한다는 압박 때문이었습니다. 모니터 위의 커서는 좀처럼 나아가지 않았습니다. 스스로 글쓰기에 재능이 없음을 확인하는 고통스러운 시간이 이어졌습니다. 그러던 어느 날, 그는 무심결에 자신의 일기장에 가득했던 감정의 파편들을 들여다보게 되었습니다. 그곳에는 입시 전략 대신, 전날 경기에서 어처구니없는 실책으로 패배한 '롯데 자이언츠'에 대한 울화통과 애증이 가득했습니다. 그는 뼛속까지 부산 사나이이자, 1992년 이후로 멈춰버린 우승 시계를 목이 빠져라 기다리며 살아온 '롯데 중독자'였습니다. 가을야구에 대한 기약 없는 기다림으로 도 닦는 법을 먼저 배웠다는 그에게, 롯데는 단순한 스포츠

팀이 아니라 인생 그 자체였습니다. 남들은 비웃을지 모를 그 굴곡진 롯데 애정사와 선수들의 타율, 실책들을 그는 강사 특유의 집요한 분석력으로 기록해왔습니다. 제가 "차라리 입시 말고 이 이야기를 써보세요"라고 권했을 때, 그는 코웃음을 쳤습니다. "이게 무슨 책이 됩니까? 이건 그냥 우승을 못 해본 한풀이이자 제 쓸데없는 취미일 뿐인데요."

하지만 속는 셈 치고 써본 롯데 자이언츠에 대한 글을 쓰기 시작하자 놀라운 반전이 일어났습니다. 교재 작성을 위해 쥐어짜던 문장과는 차원이 다른 생명력이 글에서 뿜어져 나왔습니다. 우승을 기다리다 기린이 되어버릴 것 같은 팬들의 처절한 마음을 강사의 논리적인 감각으로 엮어내자, 그것은 단순한 야구 이야기가 아니라 '기약 없는 성과를 바라는 현대인의 애환과 희망'으로 확장되었습니다. 그는 비로소 깨달았습니다. 자신에게는 수학 공식을 풀이하는 재능보다, 엉뚱하고 집요한 덕후 기질을 인문학적 성찰과 연결해 글로 풀어내는 훨씬 단단한 재능이 있었다는 사실을 말입니다.

흔히 재능을 거창한 무엇이라 오해하곤 합니다. 하지만 진정한 재능은 멀리 있는 별이 아니라, 발밑에 굴러다니던 돌덩이가 빛을 받는 순간 발견됩니다. C씨가 입시 강사로서 가졌던 데이터 분석력과 부산 사람 특유의 뜨거운 애증이 글과 섞였을 때, '나만의 고유한 영토'를 가질 수 있었습니다. 만약 그가 유행하는 재능 발견 프로그램에 가서 적성 검사나 받고 있었다면, 자신이 롯데 자이언츠의 패배를 통해 인생을 위로하는 작가가 될 수 있다는 사실을 평생 몰랐을 것입니다.

우리는 잘하는 것과 좋아하는 것을 분리하는 일에 익숙합니다. 잘하는 것은 생존의 수단으로, 좋아하는 것은 취미생활로 남겨둡니다. 그러나 책 쓰기는 이 둘 사이의 경계를 무너뜨립니다. 내면을 깊이 성찰하며 글을 쓰다 보면, 내가 그저 좋아서 매달렸던 사소한 것들이 사실은 나를 지탱해온 거대한 재능이었음을 알게 됩니다. 롯데 자이언츠의 경기를 보며 속앓이를 하던 시간이 글을 통해 정돈되자 훌륭한 이야기가 된 것처럼 말입니다.

재능을 찾기 위해 외부의 평가에 귀를 기울이는 일은 잠시 멈춰주세요. 대신 흰 종이 위에 자신의 내밀한 목소리를 올려두는 연습이 필요합니다. 내가 왜 특정한 팀에, 혹은 사물에 집착하는지, 왜 어떤 순간에 남들보다 유독 민감하게 반응하는지를 끈기 있게 추적하다 보면, 그 끝에 나만이 가진 고유한 색깔이 서서히 드러납니다. 남들이 보기에 '쓸데없어 보이는 것'들에 나의 진실이 숨어 있는 경우가 많기 때문입니다.

글을 쓴다는 것은 내 마음의 창고를 전수 조사하는 작업입니다. 먼지 쌓인 구석을 털어내다 보면 생각지도 못한 보물을 발견하게 됩니다. C씨에게 그것은 야구였고, 누군가에게는 요리일 수도, 혹은 남들은 이해 못 할 수집벽일 수도 있습니다. 어떤 소재든 상관없습니다. 그것이 나의 내면과 깊이 닿아 있고, 그것을 문장으로 엮어 한 권의 책으로 형상화하는 과정을 거치면, 그것은 세상에서 단 하나뿐인 나의 '재능'으로 정의됩니다. 자신의 재능을 발견하지 못해 방황하고 있다면, 엉뚱한 캠프나 비싼 강의에 시간을 쏟기보다 책상을 마주하는 쪽이 훨씬 경제적이고 정확합니다. 내면을 집요하게 파고들어 그곳에서 길어 올린 생각들을 책으로 엮어보십시오. 책 쓰기는 내가 누구인지, 내가 무엇에 반응하는 인간인지를 규정해 주는 투명한 거울입니다. 타인이 정해준 재능의 틀에 나를 맞추려 애쓰지 말고, 내가 가진 투박한 재료들을 믿고 문장을 이어가는 편이 낫습니다.

결국 한 권의 책을 완성한다는 것은, 세상이 알아주지 않던 나의 조각들을 모아 하나의 완결된 세계를 구축하는 일입니다. C씨가 입시 관련 책을 쓰려다 롯데 자이언츠를 통해 작가라는 알맹이를 발견했듯, 당신의 사소한 덕질과 남모를 고민들 속에 미래의 재능이 숨 쉬고 있습니다. 그 가능성을 문장으로 구출해내는 것, 그것이 우리가 책을 써야 하는 진짜 이유입니다. 롯데 팬이 우승을 기다리는 정성으로 글을 쓴다면, 그 책은 세상의 마음을 움직이게 되어 있습니다.

슬픔도 책이 될 수 있을까?

살다 보면 예고 없이 찾아오는 거대한 상실 앞에 무너지는 순간이 있습니다. 어제까지만 해도 나란히 앉아 차를 마시던 사람이 한순간에 부재의 영역으로 넘어갔을 때, 남겨진 이가 감당해야 할 무게는 온전히 혼자만의 몫이 됩니다. 급작스러운 사고로 배우자를 떠나보낸 D씨에게 세상은 그대로 멈춘 듯했습니다. 집 안 곳곳에 남아 있는 온기와 함께 웃던 기억들은 위로가 되기보다 오히려 날카로운 가시가 되어 가슴을 찔렀습니다. 슬픔은 일상을 잠식했고, 그는 오랫동안 칠흑 같은 어둠 속을 헤매야 했습니다.

D씨가 책 쓰기 프로그램에 참여했을 때, 그의 눈빛에는 짙은 피로와 형언할 수 없는 고독이 서려 있었습니다. 처음에는 하얀 종이를 마주하는 것조차 버거워 보였습니다. 속에 맺힌 응어리가 너무 깊어 어디서부터 말을 꺼내야 할지 몰랐기 때문입니다. 하지만 그는 용기를 내어 한 권의 책을 목표로 펜을 쥐었습니다. 단순히 그날의 감정을 쏟아내는 일기에 머물지 않고, 자신의 생애와 배우자와의 시간을 하나의 완결된 구조로 엮어내는 책 쓰기의 여정을 시작했습니다. 그것은 고통스러운 대면이었지만, 동시에 흩어진 삶의 조각들을 모아 자신을 재건하는 작업이었습니다. 책을 쓴다는 것은 자신의 상처를 가만히 들여다보고 그것에 의미를 부여하여 질서를 세우는 과정입니다. 덮어두고 외면했던 슬픔은 내면에서 곪아가지만, 그것을 하나의 목차로 분류하고 서사가 있는 원고로 옮기는 순간 고통은 주관적인 비명에서 객관적인 실체로 변하기 시작합니다. 서사 심리학의 관점에서 볼 때, 이러한 행위는 파편화된 고통을 하나의 일관된 이야기로 구조화하는 과정입니다. 이는 단순히 과거를 회상하는 수준을 넘어, 자신의 삶을 새롭게 해석하고 받아들이는 인지적 재구성을 돕습니

다. 이러한 치유의 원리는 사회심리학자 티모시 윌슨의 《스토리(Story)》에서 명확히 제시됩니다. 그는 인간이 자신의 삶에 대한 스토리를 어떻게 편집하느냐에 따라 심리적 치유가 일어난다는 점을 강조하며, 특히 자신의 고통스러운 경험을 글로 써서 서사적으로 재구성하는 행위가 가진 강력한 회복력을 설명합니다. 그는 '자신에게 일어난 사건'을 글로 쓰는 과정을 통해 그 '사건'에 의미를 부여하고 이를 이해 가능한 '서사'로 통합할 수 있다고 했습니다. 또한 이러한 자기 편집은 세상을 바라보는 방식을 바꾸는 것과 동시에 정서적으로 고통을 감소시키는 큰 역할을 한다고 했습니다.

D씨가 배우자와의 첫 만남부터 마지막 이별까지를 책이라는 형식을 빌려 기록한 행위는, 비극적인 사건에 매몰되었던 자아를 건져 올려 다시 일관성 있는 삶의 주인으로 세우는 과정이었습니다. 상실의 치유는 잊는 것이 아니라, 떠난 이를 내면의 새로운 자리에 안전하게 모시는 일입니다. D씨는 집필을 통해 배우자가 남긴 사랑의 흔적들을 책 속에 재구성했습니다. 비극에 매몰되어 잊고 지냈던 다정했던 순간들, 서로를 지탱해주던 따뜻한 말들이 활자가 되어 박힐 때마다 선명하게 되살아났습니다. 책 쓰기는 죽음이 갈라놓은 관계를 기록

이라는 끈으로 다시 이어주어 지워지지 않는 세계를 창조했습니다.

무엇보다 D씨를 기쁘게 한 것은 이 기록이 자신만의 치유를 넘어 가족들에게 전해줄 소중한 유산이 되었다는 사실입니다. 또한 아직 세상에 나오지 않은, 미래에 태어날 손주들을 떠올리며 문장을 가다듬었습니다. 할아버지가 할머니를 얼마나 깊이 사랑했는지, 우리가 어떤 마음으로 고난을 견뎌냈는지, 그리고 삶이 아무리 가혹할지라도 다정함을 잃지 않는 것이 얼마나 중요한지를 전하고 싶었습니다.

책으로 묶인 그의 이야기는 이제 손주들에게 전달될 아주 특별한 기록이 되었습니다. 훗날 아이들이 자라나 삶의 무게에 휘청거릴 때, 이 책은 든든한 버팀목이 되어줄 것입니다. 책의 메시지는 시공간을 초월해 흐르는 따뜻한 바람이 되어 가족들 곁에 오래도록 머물 것입니다.

자신의 삶을 온전히 고백하고 한 권의 책으로 형상화하는 행위는, 이토록 숭고한 사랑의 대물림을 만들어냅니다. 진정한 회복은 자신의 아픔을 직면하고, 그 안에서 삶의 의미를 스스로 발견할 때 이루어집니다. 물론 책 쓰기가 이 모든 것을 해결해주는 만병통치약은 아닙니다. 단, 책을 쓰는 과정에서 자신의 언어로 만들다보면 스스로를 구원하는 능동적인 치유가 시작됩니다. D씨가 책이라는 배를 타고 상실의 파도를 건너왔듯, 기록된 문장은 우리를 다시 살게 하는 힘이 있습니다.

인생이라는 숲에서 자주 길을 잃곤 합니다. 하지만 그 길이 비록 험난한 길일지라도, 내가 직접 만든 길은 다음 발걸음을 옮길 확신을 줍니다. D씨가 도전을 마친 후 느꼈던 그 평온한 안도감은, 자신의 삶을 한 권의 책으로 매듭지어본 사람만이 누릴 수 있는 당연한 축복이자 영광입니다. 이제 그는 더 이상 과거의 비극에만 머물러 있지 않습니다. 책으로 정돈된 문장들 덕분에 그는 다정한 할머니로서, 그리고 주체적인 한 인간으로서 미래를 향해 걸어갈 준비를 마쳤습니다.

왜 어떤 글은 남고, 어떤 글은 사라질까?

오늘날 대한민국은 '트렌드'라는 이름의 거대한 파도에 휩쓸려 있습니다. 유행에 뒤처지는 것을 죽기보다 싫어하는 이들을 일컬어 '트민남(트렌드에 민감한 남자)'이라는 신조어까지 등장했습니다. 남들이 가는 핫플레이스에 줄을 서고, 남들이 신는 한정판 운동화에 열광하며, 소셜 미디어의 알고리즘이 추천하는 삶의 방식을 복제하듯 살아갑니다. 하지만 역설적이게도 모두가 유행을 쫓을수록 '나'라는 고유한 빛깔은 희미해집니다. 유행을 선도한다고 자부하는 이들조차 실상은 타인이 설계한 기호에 갇혀 있는 셈입니다.

책 쓰기 프로그램에서 만난 약사 E씨는 이러한 집단적 흐름에서 조용히 궤도를 이탈한 인물입니다. 보통 약학대학을 졸업한 이들의 표준적인 성공 궤도는 명확합니다. 목 좋은 곳에 약국을 개업하고, 조제실의 창살 너머로 처방전을 처리하며 안정적인 수익을 올리는 것입니다. 하지만 E씨는 소위 말하는 '대박 약국'의 주인이 되는 대신, 봉직 약사라는 길을 택했습니다. 주위에서는 의아해했습니다. "그 좋은 면허를 두고 왜 남의 밑에서 일하느냐", "개업 안 하면 나중에 후회한다"는 참견이 쏟아졌습니다. E씨가 개업이라는 유행에 동참하지 않은 이유는 단순하지만 단단했습니다. 바로 주체적인 삶을 살기 위해서였습니다. 약국장으로서 경영과 자금 압박에 시달리는 대신, 자신의 시간을 온전히 통제하며 내면의 목소리에 귀 기울일 수 있는 삶을 선택한 것입니다. 그는 자신의 선택이 틀리지 않았음을 증명하듯 브런치북을 통해 제도권 밖에서 바라본 약사의 삶과 주체적인 일상에 대해 기록하기 시작했습니다. 그에게 글쓰기는 타인이 정해준 '성공의 격'이 아닌, 스스로 세운 '삶의 격'을 확인하는 성스러운 의식과도 같았습니다. E씨의 행보는 바로 이 대목과 맞닿아 있습니다. 그는 약사라는 직업적 프레임 안에 갇히지 않고, 글을 쓰는 작가로서 자신만의 고유한 품격을 세워 나갔습니다. 남들이 다 하는 방식대로 살지 않는다고 해서 삶의 격이 떨어지는 것이 아닙니다. 오히려 세상이 요구하는 정답지에서 고개를 돌려 "나는 이렇게 살기로 했다"라고 선언할 때, 인간은 비로소 주체라는 자리에 서게 됩니다.

책 쓰기는 이러한 주체성을 회복하는 능동적인 도구입니다. 글을 쓰는 동안 작가는 끊임없이 스스로에게 묻습니다.

'나는 지금 누구의 눈으로 세상을 보고 있는가?', '내가 쓰는 이 문장은 정말 나의 생각인가, 아니면 유행하는 담론의 복사본인가?' 이 질문들에 답하며 한 줄씩 채워가는 과정은, 타인의 시선이라는 짙은 안개를 걷어내고 나의 본모습을 대면하는 작업입니다. E씨가 봉직 약사로서 겪는 소소한 일상과 그 안에서 발견한 철학을 책으로 엮은 행위는, 세상이 정한 약사의 정석을 집어 던지고 자신만의 각본을 써 내려간 주체적 혁명이었습니다. 흔히 삶의 품격이 값비싼 명품이나 사회적 지위에서 나온다고 착각합니다. 하지만 진정한 품격은 내가 나의 삶을 온전히 책임지고 결정하고 있다는 확신에서 비롯됩니다. 아무리 최신 유행을 선도하는 '트민남'이라 할지라도, 그 행동의 동기가 '남들에게 뒤처지지 않기 위해서'라면 그 삶에는 주권이 없습니다. 반면, 남들이 가지 않는 길을 묵묵히 걸으며 그 여정을 기록으로 남기는 작가에게는 누구도 침범할 수 없는 단단한 내면이 존재합니다.

글쓰기 수업에서 E씨가 보여준 태도는 재치와 여유로 가득했습니다. 그는 자신의 선택을 비장하게 포장하지 않았습니다. 그저 "약사로서 처방전만 읽는 삶보다, 인간으로서 내 삶을 읽어주는 시간이 더 소중했다"며 가볍게 웃어 보였습니다. 그 유머러스한 태도야말로 주체적인 삶을 사는 자만이 가질 수 있는 여유였습니다. 억지로 유행을 쫓느라 가랑이가 찢어지는 이들에게는 결코 보이지 않는 풍경입니다.

주체적인 삶을 원한다면 유행하는 〈트렌드 코리아〉 시리즈를 사 모으는 대신, 지금 당장 자신의 내면을 성찰하는 글을 쓰기 시작해보세요. 유행은 계절이 지나면 사라지지만, 내가 직접 쓴 문장은 내 삶의 뼈대가 되어 나를 지탱해 줍니다. 타인의 박수 소리에 일희일비하지 않고, 작가로서 고유한 품격을 세우는 태도야말로 책 쓰기를 통해 도달해야 할 도착점입니다.

책을 한 권 엮어낸다는 것은, 세상에 유통되는 무수한 정답들 사이에서 '나만의 해답'을 공표하는 일입니다. 약사 E씨가 약사라는 틀을 깨고 주체적인 인간으로 거듭났듯, 당신도 당신을 가두고 있는 유행과 시선의 프레임에서 벗어날 수 있습니다. 내 삶을 스스로 결정하고 그 결정의 이유를 논리적인 문장으로 정립해 보세요. 그것이 바로 당신이 가질 수 있는 최고의 격식이며, 주체로서 이 땅에 발을 딛는 방법입니다. 유행은 당신을 이끌어주지 않지만, 당신이 쓴 책은 당신의 삶을 영원히 주도할 것입니다.

쓰며 배우는 삶, 공부가 되는 글쓰기

공부를 흔히 입력의 과정으로 여기곤 합니다. 좋은 책을 읽고 지식을 머릿속에 채워 넣는 것만이 공부의 전부라 믿는 경향이 있습니다. 하지만 진정한 공부의 완성은 배운 것을 정리하여 타인에게 전달할 수 있는 상태, 즉 말하기와 글쓰기를 통해 비로소 이루어지는 경우가 많습니다. 이런 관점에서 책 쓰기는 단순한 기록을 넘어 생애 가장 치열하고도 효율적인 공부의 과정이 되기도 합니다. 이러한 공부로써 책 쓰기를 명확하게 보여주는 인물로 작가 유시민을 꼽을 수 있습니다. 그는 자신을 거창한 학자나 사상가가 아닌 지적 소매상으로 정의합니다. 거대 담론을 생산하는 도매상이 아니라, 지식의 숲에서 만나 정보들을 대중이 소비하기 좋은 형태로 가공하여 전달하는 상인이라는 뜻입니다. 그의 저서 목록은 그가 어떻게 책쓰기를 통해 자신의 공부를 확장하고 완성해왔는지 그 궤적을 선명하게 보여줍니다.

유시민 작가에게 책 쓰기는 자신이 궁금해 하는 분야를 파헤치는 탐구의 과정이었습니다. 그 시작점에는 경제학이 있었습니다. 《부자의 경제학, 빈민의 경제학》은 그가 청년 시절 품었던 경제적 불평등에 대한 질문들을 당대 경제학자들의 사상을 공부하며 정리해낸 기록입니다. 또한 《거꾸로 읽는 세계사》는 교과서적 역사 해석에 의문을 품고 스스로 역사의 이면을 공부하며 써 내려간 것입니다. 그의 공부는 여기서 멈추지 않고 영역을 자유롭게 넘나들었습니다. 《유럽 도시 기행》을 쓰기 위해 유럽의 도시들을 직접 발로 뛰며 건축과 예술을 공부했고, 《국가란 무엇인가》를 집필하며 홉스, 로크, 루소 등 고전 철학자들의 국가론을 다시 섭렵했습니다. 누군가에게 설명하기 위해 시작한 집필이 결국 작가 자신을 깊이 있게 성장시키는 동력이 된 셈입니다. 특히 《문과 남자의 과학 공부》는 공부로써 책 쓰기가 정점에 달했음을 보여줍니다. 평생을 인문학자로 살아온 그는 예순을 넘긴 나이에 뇌과학, 생물학, 물리학 등 기초 과학을 공부하고 이를 대중들이 쉽게 이해할 수 있도록 쓴 책입니다. 어쩌면 그는 인문학적 성찰만으로는 인간을 온전히 이해하기 어렵다는 지적 결핍을 느꼈는지도 모르겠습니다. 엔트로피 법칙이나 양자역학 같은 낯선 개념들을 이해하려 분투하고, 이를 자신의 문법으로 다시 해석하며 책으로 엮어낸 과정은 한 사람의 지적 호기심이 어떻게 책 쓰기를 통해 확장되는지 그대로 보여줍니다.

유시민 작가의 저작활동을 보고 있으면 평범한 우리로서는 그건 유시민 작가니까 가능한 일이라는 생각이 들기도 합니다. 하지만 저 역시 비슷하지만 (비교 불가지만) 여정으로 그 과정을 거쳐왔습니다. 저의 시작은《어쩌면 잘 쓰게 될지도 모릅니다》라는 글쓰기 에세이였습니다. 제목부터가 조심스럽습니다. 무조건 잘 쓴다도 아니고 어쩌면이라니요. 정말 나약하고 소심한 면이 그대로 드러나는 책제목입니다. 이 책을 쓸 때만 해도 저는 제가 글쓰기에 대해 조금 아는 줄 알았습니다. 하지만 막상 독자들에게 글쓰기는 이런 것이라고 말하려니 저의 지식이 얼마나 얄팍했는지 실감해야 했습니다. 그다음도 비슷했습니다.《글쓰기가 만만해지는 하루 10분 메모 글쓰기》를 준비할 때는 메모라는 사소한 행위 하나를 설명하기 위해 뇌과학부터 인지심리학까지 들여다봐야 했습니다. 그냥 적으라고 하면 될 일을 굳이 왜 적어야 하는가를 논리적으로 설명하려다 보니, 제 뇌가 먼저 메모의 필요성을 절규하게 됐습니다.

15년 넘게 글쓰기 강의를 했지만 책으로 그 과정을 엮기 위해서는 또 다른 공부가 필요하다는 것을 여실히 느꼈습니다. 하지만 압권은 이어서 출간한 문해력과 인문학 관련 책들을 쓸 때였습니다. 요즘 문해력이 화두라기에 가벼운 마음으로 발을 들였다가, 고전과 철학이라는 거대한 늪에 빠지고 말았습니다. 문해력을 논하려면 언어의 기원을 알아야 하고, 인문학을 쓰려면 시대의 결을 읽어야 했습니다. 책 한 장을 쓰기 위해 열 권의 참고 문헌을 뒤지는 날들이 이어졌습니다. 만약 누군가 시켜서 하는 공부였다면 진작에 포기했을 겁니다. 하지만 내 이름으로 나올 책이기에 더 치열하고 더 집요하고 더 간절하게 읽고 정리하며, 완전히 내 것으로 만들기 위해 노력했습니다. 결국 책을 다 썼을 때쯤, 저는 이전보다 깊어진 문해력과 잡학다식한 인문학적 소양을 덤으로 얻게 되었습니다. 책 쓰기가 아니었다면 제가 언제 플라톤의《국가론》을 진지하게 읽어보고, 문해력 저하의 사회적 맥락을 치열하게 고민해봤겠습니까? 단언컨대, 책 쓰기야말로 인생에서 가장 멋진 공부이자 효율적인 공부입니다.

유시민 작가가 생애 주기에 맞춰 경제학, 역사학, 과학으로 테마를 바꿔가며 책을 써냈듯이, 우리 역시 각자의 질문을 책으로 정리해보는 시간을 가질 수 있습니다. 책 쓰기가 이렇듯 의미 있는 공부가 되는 이유는, 한 권의 책을 완성하려면 주제와 관련된 주변 지식까지 두루 섭렵해야 하므로 지식의 편식을 막을 수 있기 때문입니다. 또한 사고의 체계를 세워줍니다. 흩어진 지식의 조각들을 목차와 문단이라는 논리적 구조로 구축하는 설계 작업이 뒤따릅니다. 더불어 배움을 공유함으로써 지식의 가치를 확장합니다. 개인이 공부한 내용이 타인의 삶에 영감을 줄 때, 그 공부는 개인의 유희를 넘어 사회적 가치를 획득하게 됩니다.

인생에서 마주하는 멋진 공부는 남이 제공하는 지식을 수동적으로 받는 것에 그치지 않고, 내가 알고 싶은 것을 스스로 찾아내어 나만의 문법으로 정리하는 지적 생산의 과정에 있습니다. 서재에 꽂힌 책들이 수용의 역사라면, 앞으로 써 내려갈 원고는 성장의 기록이 됩니다. 지적 소매상의 마음으로, 혹은 이 책을 끝내야 내가 산다는 절박한 필자의 마음으로 배운 작은 진실 하나를 문장으로 옮기는 행위는 그 자체로 귀합니다. 공부는 책 쓰기를 통해 비로소 완결에 가까워지며, 그 책은 다시 다음 공부를 향해 나아가는 든든한 징검다리가 되어줍니다. 비록 그 과정에서 탈모와 다크서클은 추가됨을 인지해주시고요.

나만의 콘텐츠 자산을 만드는 법

방송국에서 20년 동안 방송작가로 살며 수많은 프로그램을 집필했습니다. 아침부터 새벽까지 대본을 쓰고 구성안을 짜는 것이 일상이었습니다. 외부에서는 소위 말하는 한 프로그램의 수장인 '메인 작가'로 불렸습니다. 하지만 20년이 지난 뒤 확인해 보니, 그 과정에서 생산된 결과물 중 제 이름으로 온전히 남은 것은 드물었습니다.

물론 방송작가로서 제가 쓴 프로그램에 대한 일부 저작권은 인정받고 있습니다. 지금도 당시 작업했던 프로그램들에 대한 저작권료가 입금되곤 합니다. 하지만 그 금액은 20년이라는 노동의 시간과 투입한 에너지에 비하면 아주 미약한 수준입니다. 방송 매체의 특성상 프로그램의 저작권과 수익은 대부분 방송사에 귀속되기 때문입니다. 제가 작성한 멘트, 기획, 수많은 아이디어, 구성안들은 결국 조직의 지적 자산이라는 큰 틀 안에 포함되어 있었습니다. 20년의 노동 결과물이 개인의 완전한 자산이 아닌 조직의 기록으로 남는다는 사실은 허망함을 주었습니다.

그러다 우연한 기회에 책을 쓰게 되었습니다. 방송 원고가 아닌 나만의 글을 책으로 묶어낼 기회가 찾아온 것입니다. 이 과정에서 제가 느낀 것은 작가의 고유성이었습니다.

방송 제작은 철저한 협업의 영역입니다. 아이디어가 막히면 함께 일하는 피디나 동료 작가들과 머리를 맞대고 회의를 할 수 있습니다. 내가 놓친 부분을 누군가 채워주고, 집필 과정에서도 팀원들의 피드백을 실시간으로 받으며 도움을 얻을 여지가 많습니다. 여러 명의 에너지가 한데 모여 하나의 프로그램을 완성하는 구조입니다. 제작 환경의 특성상 시간에 쫓겨 원고가 다소 미흡하게 마무리되더라도, 현장에서 MC와 연기자들의 연기와 호흡이 더해지면 결과물은 일정 수준 이상의 완성도를 갖추게 됩니다. 작가의 부족함이 타인의 재능으로 상쇄될 수 있는 환경인 셈입니다.

반면 책 쓰기는 오로지 혼자 감당해야 하는 작업입니다. 기획부터 자료 조사, 문장 하나를 다듬는 일까지 그 누구의 도움 없이 스스로 판단하고 책임져야 합니다. 방송작가 시절 익숙했던 협업의 안온함은 출간을 위한 전업작가의 책상 위에서는 찾아볼 수 없습니다. 오직 흰 화면과 나 자신만이 마주 앉아 문장들을 채워나가야 합니다. 아이디어가 고갈되어도 대신 고민해 줄 동료가 없고, 논리적 허점이 발견되어도 스스로 수정해야 합니다. 책의 경우 미흡한 문장을 대신 메워줄 유명한 출연자도, 박진감 넘치는 편집 기술도 존재하지 않습니다. 오직 작가가 쓴 활자만으로 독자를 설득해야 하는 고독한 과정이 반복됩니다.

그러나 이 고된 과정을 거쳐 완성된 책은 방송 대본과 구조적으로 완전히 달랐습니다. 출판사와 계약을 맺고 유통의 도움을 받지만, 원고의 모든 내용과 창작권은 작가 개인에게 귀속되었습니다. 책 표지에 인쇄된 작가명은 해당 콘텐츠의 주권이 누구에게 있는지 명확히 보여줍니다. 그 안에 담긴 사상과 문장은 오로지 작가 개인의 창작물로 인정받습니다. 제가 배치한 에피소드와 논리는 방송국 시스템에 종속된 데이터가 아니라, 저작권법의 보호를 받는 저만의 독립적인 지적 자산이 되었습니다.

특히 책은 원천 소스로 다양한 매체로의 확장과 전환이 용이합니다. 방송 원고는 해당 포맷에 종속되어 소비되고 사라지지만, 한 권의 책은 강연, 칼럼, 유튜브 콘텐츠, 온라인 강의, 더 나아가 다시 방송 기획의 모티프가 되는 등 무궁무진한 변주가 가능합니다. 작가는 단순히 글을 쓰는 사람을 넘어, 자신의 지식과 경험을 자본화하여 유통하는 능동적인 크리에이터이자 생산자로 거듭나게 됩니다. 1인 기업의 생산자로서 콘텐츠의 부가가치를 스스로 창출하고 제어할 수 있다는 점은 책 쓰기만이 주는 효용입니다.

20년간의 방송작가 생활이 미약한 저작권료가 담긴 통장 내역으로 요약된다면, 우연히 시작해 6년간 이어온 책 쓰기는 여덟 권의 독자적인 저작물을 남겨주었습니다. 또한 방송 프로그램은 송출된 후 점차 잊히지만(물론 요즘에는 OTT 플랫폼을 통해 지속성이 길어졌지만), 책은 서점과 도서관에서 작가의 이름과 함께 지속적으로 유통됩니다. 저작권법에 따라 작가 사후 70년까지 그 권리가 보장되기도 합니다.

조직의 부품이나 휘발되는 기록의 작성자로 남지 않고, 온전한 내 이름의 영토를 가진 생산자가 된다는 것은 삶의 고유성을 갖게 하는 일입니다. 내 경험이 활자가 되어 누군가에게 읽히고, 그것이 다시 강연이나 새로운 콘텐츠로 옷을 갈아입으며 지속적인 가치를 만들어내는 과정을 경험한다면 그 성취감은 무엇과도 바꿀 수 없습니다. 물론 책을 쓴다는 것이 쉽지는 않습니다. 하지만 집필 끝에 얻게 될 영구적인 지적 자산으로 나에게 다가올 미래를 생각하면 책 쓰기! 안 할 이유가 있을까요?

팔리는 책의 뼈대를 세우는 법

PART 2

독자 타깃팅

: 책의 첫 문장보다 먼저 떠올려야 할 것

글을 쓰기로 마음먹은 뒤 맞닥뜨리는 첫 번째 난관은 주제 설정이 아닙니다. 하고 싶은 말은 넘치는데, 대체 이 이야기를 누가 읽어줄 것인가 하는 근원적인 의문입니다. 흔히 책 쓰기를 시작할 때 80억 인류 모두가 독자가 되어 내 책을 읽어주길 바라는 원대한 포부를 품기도 합니다. 하지만 모두를 만족시키려는 글은 결국 아무도 만족시키지 못하는 무색무취의 기록으로 남기 쉽습니다. 내 글이 가닿아야 할 자리는 광활한 '올림픽 체조 경기장'이 아니라, 내 이야기가 절실히 필요한 단 한 사람의 '작은 방 안'이어야 합니다.

내 글의 구체적인 독자(페르소나)를 찾는 과정은 타인을 분석하기에 앞서 나를 먼저 해부하는 작업에서 시작됩니다. 내가 가진 무수한 경험 조각 중에서 독자들에게 읽힐 만한 글감이나 이야기가 무엇이 있는지 골라내야 하기 때문입니다. 여기서 핵심은 내가 잘하는 것과 독자가 읽고 싶어 하는 것 사이의 교집합을 찾는 일입니다. 이를 위해 먼저 할 일은 자신의 경험을 철저하게 객관화하여 리스트를 만드는 과정입니다.

예를 들어, 10년 차 평범한 직장인이 있다고 가정해 봅니다. 이 사람이 단순히 직장 생활을 잘하는 법에 대해 쓴다면 시장에는 이미 그보다 훌륭한 처세술 책이 넘쳐납니다. 하지만 이 직장인이 점심시간마다 틈틈이 배운 목공 기술로 자기 집 가구를 직접 만든 경험이 있다면 이야기는 달라집니다. 이때 독자는 모든 직장인이 아니라, 지친 업무 뒤에 손으로 무언가를 만들며 치유받고 싶은 퇴근길의 누군가로 좁혀집니다.

여기에서 독자에게 소구될 수 있는 나만의 경험을 책의 주제로 담아낼 수 있는 기준을 찾을 수 있습니다.

1. 나의 이야기가 타인에게 위로가 될 수 있는가

과거에 내가 겪은 결핍이나 실패는 누군가 현재 진행형으로 겪고 있는 문제입니다. 3년 전 퇴사 고민으로 불면증에 시달렸던 경험이 있다면, 현재 사표를 만지작거리며 잠 못 드는 이들에게 그 경험은 단순한 신세 한탄이 아닌 실질적인 가이드가 됩니다.

2. 나의 사소한 습관이 타인에게는 특별한 기술이 될 수 있는가

자신은 당연하게 여기는 일상의 질서가 누군가에게는 간절히 배우고 싶은 노하우일 수 있습니다. 매일 아침 10분 동안 메모를 쓰는 습관이나, 냉장고 식재료를 한눈에 파악하게 정리하는 나만의 방식 등이 여기에 해당합니다. 유시민 작가가 지식을 대중의 눈높이에 맞춰 소매하는 것처럼, 나만의 사소한 규칙을 타인이 따라 하기 쉬운 형태로 재가공하는 과정에서 독자의 반응이 시작됩니다.

3. 나의 덕질(좋아하는 것)이 사회적 맥락과 닿아 있는가

앞서 언급한 야구팀 롯데 자이언츠의 사례처럼, 혼자만의 즐거움이었던 취미를 인문학적 성찰이나 사회적 현상과 연결할 때 글은 공신력을 얻습니다. 단순히 야구가 재밌다는 이야기가 아니라, 지는 경기를 보면서도 응원을 멈추지 않는 팬들의 마음에서 '희망의 회복력'을 읽어내는 식입니다. 이렇게 연결될 때 독자는 나의 사적인 취향에서 자신의 삶을 발견합니다.

책 쓰기 프로그램에 참여한 주부 F씨는 처음에는 아들 둘을 키운 육아 에세이를 쓰려 했습니다. 하지만 서점 매대에는 이미 유명 연예인이나 교육 전문가들의 육아 서적이 즐비했습니다. F씨는 자신의 경험을 다시 들여다봤습니다. 그는 아이를 키우며 스트레스를 풀기 위해 틈틈이 세계 문학 전집을 읽었습니다. 어릴 적 자신을 위로해 준 책에 빠져들게 된 것입니다. 아이가 잠든 밤, 부엌 식탁등 아래에서 도스토옙스키를 읽으며 위안을 얻었던 경험입니다.

이때 F씨가 찾아낸 독자는 육아에 지쳐 자존감을 잃어가는 엄마들입니다. 그리고 독자들에게 전하는 이야기의 핵심은 '엄마의 독서'가 됩니다. 육아 전문가의 이론보다, 기저귀를 갈면서도 고전을 놓지 않았던 옆집 엄마의 진솔한 문장이 독자에게는 훨씬 강력하게 가닿습니다. 이처럼 독자는 내 경험의 화려함이 아니라, 그 경험이 자신들의 현실과 얼마나 긴밀하게 연결되는지를 보고 책을 선택합니다.

책을 쓰기 전 스스로에게 반드시 물어봐야 할 질문이 있습니다. 이 원고를 읽고 난 뒤, 독자가 단 하나라도 얻어갈 것이 있는가, 하는 질문입니다. 그것이 위로든, 정보든, 아니면 짧은 실소든 상관없습니다. 나의 이야기 중에서 타인의 일상을 조금이라도 변화시킬 수 있는 조각을 찾아냈다면, 이미 절반의 기획은 성공한 셈입니다.

내 독자는 먼 곳에 있지 않습니다. 과거의 나, 혹은 지금 나와 비슷한 고민을 안고 길을 걷는 사람입니다. 그들의 방 안에 놓인 스탠드 불빛이 되어주겠다는 마음으로 나의 창고를 뒤지다 보면, 빛나는 문장들이 하나둘 모습을 드러내기 마련입니다. 세상을 향한 거창한 선언보다, 좁은 골목길에서 우연히 만난 이에게 건네는 따뜻한 차 한 잔 같은 이야기가 더 오래 기억되는 법입니다.

킬러 컨셉

책 쓰기 수업에서 만난 가정의학과 전문의 Y씨는 첫 기획안으로 '현대인이 알아야 할 필수 건강 상식'이라는 제목의 문서를 가져왔습니다. 고혈압 관리법, 당뇨병 예방 수칙, 올바른 영양제 복용법 등 의학적으로는 흠잡을 데 없는 정보들이었습니다. 하지만 저의 시선에 그것은 '책'이라기보다 '병원 대기실에 비치된 팸플릿'에 가까웠습니다. 독자 입장에서 Y씨의 초기 기획은 지나치게 익숙한, 그래서 굳이 지갑을 열 이유가 없는 정보의 나열이었습니다.

기획 단계에서 Y씨와 나눈 대화는 뜻밖의 지점에서 전환점을 맞았습니다. 그는 진료실 문을 열고 들어오는 환자들의 뒷모습을 보며 가끔 코끝이 찡해진다고 고백했습니다. 치료보다 더 시급한 것은 그들의 고단한 삶을 들어주는 일이었지만, 3분 진료라는 냉혹한 현실 앞에서 매번 좌절한다는 이야기였습니다.

그는 환자들에게 미처 다하지 못한 말을 퇴근 후 일기장에 적기 시작했습니다. "오늘 만난 할머니의 거친 손등은 어떤 약으로도 매끄럽게 할 수 없었다", "취업 실패로 불면증에 걸린 청년에게 내가 준 수면제는 과연 정답이었을까" 같은 고백들이었습니다. 상담을 통해 Y씨는 기획의 방향을 완전히 틀었습니다. 단순히 병명을 진단하고 처방전을 써주는 권위적인 의사의 모습이 아니었습니다. 매일 마주하는 환자들과의 서툰 소통, 그들의 삶 속으로 깊숙이 걸어 들어가며 느낀 고뇌, 그리고 타인을 치유하는 과정에서 정작 본인의 마음이 회복되는 내밀한 기록을 담기로 했습니다.

이것이 바로 '컨셉의 전환'입니다. '의학 정보'라는 익숙한 70%의 토대 위에, '의사의 자기 치유와 문장 처방'이라는 낯선 관점 30%를 얹었습니다. 결과적으로 이 기획은 단순한 건강 정보를 넘어 인간의 존엄과 회복을 다룬 한 편의 서정적인 에세이가 되었습니다. 독자는 이제 질병에 대한 정보를 얻기 위해서가 아니라, 한 의사의 고결한 시선과 따뜻한 문장에 위로받기 위해 책을 집어 듭니다.

· 구매의 이유를 만드는 감각적인 언어 ·

독자가 누구인지 정했다면 다음은 그들의 시선을 멈추게 할 한 문장을 정립하는 단계입니다. 출판계에서는 이를 컨셉이라 부릅니다. 수많은 책이 쏟아지는 서점 매대에서 선택받기 위해서는 익숙한 신뢰감과 낯선 호기심이 적절히 섞여야 합니다. 지나치게 낯설기만 한 이야기는 독자에게 외면받고, 너무 익숙하기만 한 이야기는 지루함을 줍니다. 기획은 독자가 잘 아는 분야(70%)에 작가만의 독특한 관점(30%)을 얹을 때 완성됩니다. 컨셉이란 단순히 책의 주제를 말하는 것이 아닙니다. 김동욱 작가의 《컨셉수업》에 따르면, 컨셉은 형태가 없는 생각에 부여하는 질서이자 구매해야 할 이유를 제시하는 감각적인 언어입니다. 내 책이 독자에게 어떤 가치를 줄 것인지 하나의 이미지나 메시지로 응축하여 전달하는 일입니다. 컨셉이 모호하면 원고는 아무리 유려한 문장으로 채워져도 방향을 잃고 표류합니다.

여기서 좋은 컨셉과 나쁜 컨셉의 차이가 갈립니다. 나쁜 컨셉은 작가의 일방적인 주장이나 보편적인 사실에 머무는 경우입니다. 가령 '성공을 위한 10가지 습관'은 유익하지만 이미 시장에 수천 권이 존재하는 익숙한 컨셉입니다. 반면 좋은 컨셉은 독자의 숨은 욕망을 건드리거나 당연하게 여겨지던 것을 낯설게 보게 만듭니다. 상식을 비틀거나, 전혀 다른 두 분야를 충돌시켜 새로운 질문을 던지는 식입니다.

이러한 전략을 잘 보여주는 사례로《줄 서서 보는 그림의 비밀》을 들 수 있습니다. 이 책은 그림 에세이 혹은 미술 감상이라는 보편적이고 익숙한 장르를 다룹니다. 하지만 여기에 '줄 서서 본다'는 컨셉을 더했습니다. 단순히 명화를 해설하는 책은 많지만, 사람들이 왜 유독 이 그림 앞에서 줄을 서는지, 그 폭발적인 인기 뒤에 숨겨진 인간의 욕망과 심리적 장치를 분석한 지점은 신선한 시각입니다. '줄 선다'는 컨셉은 독자에게 즉각적인 호기심을 유발합니다. 사람들은 줄이 길게 늘어선 곳을 보면 본능적으로 이유를 묻습니다. 익숙한 그림 해설에 사회심리학적 관점이라는 낯설음을 얹어 독자에게 책을 구매해야 할 이유를 제시한 사례입니다.

· 낯선 안경을 빌려주는 일 ·

또 다른 사례인 《덕후가 브랜드에게》 역시 컨셉의 중요성을 보여줍니다. 브랜드 마케팅이나 브랜딩은 비즈니스 서적에서 흔하게 다뤄지는 70%의 익숙한 주제입니다. 하지만 이 책은 이를 분석하는 화자로 '덕후'를 내세우는 30%의 낯설음을 선택했습니다. 전문가의 냉철한 분석이나 기업의 성공 사례 나열이 아니라, 무언가를 열렬히 좋아하는 사용자의 시선에서 브랜드의 생존 전략을 들여다본 것입니다. 덕후라는 키워드는 단순히 취미를 즐기는 사람을 넘어, 이제는 하나의 문화를 주도하고 팬덤을 형성하는 핵심 주체로 부상했습니다. 이들이 왜 특정 브랜드에 열광하고 기꺼이 줄을 서는지 그 심리를 파고듭니다. 브랜딩이라는 익숙한 이론에 덕후의 팬심과 집요함이라는 관점을 결합함으로써, 기존 마케팅 서적들이 놓쳤던 감성적이고 실천적인 통찰을 제공합니다. 이는 독자에게 브랜딩을 바라보는 새로운 안경을 제공했습니다.

컨셉 선명화 작업에서 주의할 점은 작가만의 관점이 한 문장으로 정의되어야 한다는 사실입니다. "이 책은 어떤 책인가요?"라는 질문에 구구절절한 설명이 뒤따른다면 기획의 중심이 흔들리고 있다는 증거입니다. 앞서 언급한 의사 Y씨의 사례처럼, 단순히 건강 수치를 나열하는 이가 아니라 '환자의 삶을 문장으로 치료하는 의사'라는 정체성을 확립할 때 컨셉은 비로소 날카로워집니다. 나만의 관점을 세우는 일은 없던 지식을 창조하는 과정이 아닙니다. 이미 존재하는 정보들을 어떤 순서로 배열하고, 어떤 조명 아래 비추느냐의 문제입니다. 세상을 바라보는 작가의 독특한 안경이 곧 컨셉이 됩니다. 남들과 똑같은 풍경을 보더라도 그 속에서 나만이 발견한 미세한 균열이나 아름다움을 포착하여 문장으로 옮겨야 합니다.

기획 단계에서 작가는 스스로에게 질문을 던지십시오. 나의 이야기가 독자에게 충분히 안전한 정보를 제공하는가, 그러면서도 그들이 미처 생각지 못한 낯선 자극을 주는가 하는 물음입니다. 7:3의 비율은 독자가 책을 집어 들게 만드는 심리적 안정감을 줍니다.

킬러 컨셉은 작가의 진정성과 시장의 요구가 만나는 지점에서 탄생합니다. 독자들의 실제적인 고민을 해결해주는 주제에 깊이 있는 사유를 더하십시오. 자신의 원고가 시장에서 어떤 가치를 지닐지 냉정하게 평가할 필요가 있습니다. 익숙함이라는 토대 위에 낯섦이라는 관점을 얹을 때, 원고라는 배는 독자의 마음을 향해 항해를 시작할 수 있습니다.

제목의 승부수

: 시선을 사로잡는 2초의 킥

컨셉을 정립했다면 이를 하나의 문장으로 압축하는 작업이 필요합니다. 집을 지을 때 기둥이 전체 구조를 지탱하듯, 제목은 원고의 정체성을 상징합니다. 출판 현장에서는 이를 가제라 부릅니다. 최종 제목은 출판사와의 협의를 통해 변경되기도 하지만, 집필 단계에서 세워 둔 가제는 작가가 길을 잃지 않게 돕는 이정표가 됩니다. 서점 매대에서 독자의 시선이 머무는 시간은 짧습니다. 대형 서점의 시선 추적(Eye-Tracking) 조사에 따르면, 독자가 매대 앞을 지나가며 특정 책에 시선을 멈추는 시간은 평균 0.3초에서 2초 사이입니다. 0.3초의 관문은 독자가 매대를 훑으며 표지의 색감 등을 통해 '나와 상관 있는 책인가'를 무의식적으로 판단하는 찰나입니다. 이 관문을 통과한 뒤, 제목을 읽고 책을 집어 들지(Pick-up) 결정하는 데 소요되는 시간이 바로 2초입니다. 이 2초 안에 제목이 독자의 결핍을 건드리거나 호기심을 유발하지 못한다면, 그 안에 담긴 문장들은 빛을 볼 기회조차 얻지 못합니다. 출판 마케팅 실무 현장에서도 '표지 1초, 제목 2초'라는 '썰'이 전설처럼 통용됩니다. 신간이 쏟아지는 매대 환경에서 독자가 모든 제목을 정독하기란 불가능에 가깝습니다. 따라서 뇌가 즉각적으로 반응하는 키워드 위주로 정보를 처리하게 됩니다. 행동경제학적 관점에서도 인간의 뇌는 에너지를 아끼기 위해 논리적인 분석보다는 직관적 사고를 주로 사용합니다. 정보 과부하 상태인 서점 매대에서 독자는 직관적으로 자신에게 이익이 되는 제목에 반응하며, 이 과정은 대략 2초 내외에 완료됩니다.

상황이 이렇다보니 책 제목을 짓는 일에 매우 신중함을 기하게 됩니다. 책 제목을 짓는 첫 번째 방법은 독자의 감정적 결핍을 정면으로 마주하고 그에 대한 대안을 제시하는 방식입니다.《불안 대신 인문학을 선택했습니다》를 사례로 들자면, 이 책의 제목은 현대인이 보편적으로 느끼는 불안이라는 감정을 키워드로 내세웠습니다. 단순히 인문학 공부법이라 말하지 않고, 불안이라는 부정적인 상태를 해결하기 위한 능동적인 선택지로 인문학을 제안합니다. 독자는 책 제목을 읽는 순간 자신의 불안을 떠올리고, 인문학이 어떻게 그 대안이 되었는지 궁금해하며 책을 집어 들게 됩니다.

책 제목을 짓는 두 번째 방법은 독자의 심리적 장벽을 낮추고 구체적인 보상을 약속하는 방식입니다. 최태성 작가의《최소한의 한국사》가 대표적인 사례입니다. 방대한 역사를 공부해야 한다는 부담감을 가진 독자들에게 '최소한'이라는 단어로 심리적 문턱을 크게 낮춰줍니다. 꼭 알아야 할 핵심만 담았다는 인상을 줌으로써, 한국사를 완독하고 싶어 하는 독자들에게 효율적이고 명확한 보상을 약속합니다. 이는 복잡하고 방대한 주제를 단순화하여 독자가 느끼는 피로감을 해소해주는 전략입니다.

책 제목을 짓는 세 번째 방법은 당연하게 여겨지는 상식을 뒤집어 새로운 질문을 던지는 역발상 방식입니다. 하완 작가의《하마터면 열심히 살 뻔했다》가 좋은 예시입니다. '열심히 살아야 한다'는 사회적 통념을 정면으로 거스르는 이 제목은 독자에게 신선한 충격과 해방감을 동시에 선사합니다. 열심히 살지 않으면 큰일 날 것 같은 현대인들에게 '열심히 살지 않아도 괜찮다'는 역설적인 위로를 건네며, 열심히 살지 않아도 되는 호기심을 유발해 2초 만에 독자의 시선을 사로잡습니다.

이처럼 선명한 가제를 정하기 위해서는 독자의 현재 상태와 지향점을 한 문장에 압축하여 담아낼 수 있어야 합니다. 막연한 형용사를 나열하기보다 손에 잡히는 구체적인 명사와 동사를 선택할 때 책 제목의 힘은 강해집니다. 또한 타깃 독자를 직접 호출하거나 그들이 일상에서 사용하는 언어를 적극적으로 활용하여 공감대를 형성하는 것도 중요합니다. 만약 책 제목이 흔들린다면 그 아래 놓일 목차와 세부 원고 역시 방향을 잃게 되어, 결국 독자가 작가의 핵심 메시지를 파악하기 힘든 결과를 초래합니다.

서점 매대는 작가와 독자가 만나는 최초의 공간입니다. 그곳에서 2초의 승부를 가르는 것은 아름다운 수사학이 아니라, 독자의 삶을 관통하는, 날카로운 문장 한 줄입니다. 책 제목을 정하는 시간은 단순히 이름을 짓는 과정이 아닙니다. 내 글이 세상에 나가 누구를 만나고 어떤 변화를 일으킬지 상상하며 책의 영혼을 결정하는 설계의 시간입니다. 기둥이 단단해야 집이 무너지지 않듯, 선명한 책 제목 위에서 비로소 흔들리지 않는 집필이 시작됩니다.

목차 설계

: 독자를 끝까지 설득하는 첫 페이지

책 제목이라는 기둥을 세웠다면 다음은 집의 내부 구조를 결정하는 목차를 설계할 단계입니다. 목차는 단순히 원고의 순서를 나열한 목록이 아닙니다. 작가가 독자에게 제안하는 논리의 지도이자 책의 마지막 장까지 멈추지 않고 읽게 만드는 설계도입니다. 책 쓰기 수업에 참여한 공간기획자 G씨는 집필 초기 단계에서 많은 시간을 목차 설계에 쏟으며 괴로워했습니다. 공간을 설계할 때는 동선 하나, 창문의 위치 하나도 자연스럽고 쉬웠는데 왜 책의 설계도 앞에서는 갈 길을 잃는지 모르겠다며 한숨을 내쉬었습니다. 공간 설계와 목차 설계를 비교하면서 멋진 인테리어 소품 같은 에피소드는 가득한데, 정작 사람들이 들어와서 어떻게 움직여야 할지 결정하는 복도와 방 배치는 어떻게 해야 할지 난감해했습니다. 그와 머리를 맞댄 끝에 '공간이 나에게 건네는 말'이라는 킬러 컨셉으로 총 4장의 동선을 구축했습니다.

1장: 나를 숨 쉬게 했던 낯선 공간들(현관—정서적 환기)

2장: 공간을 채우는 사소하고 단단한 철학(거실—관점의 정립)

3장: 다시 찾고 싶은 공간의 디테일(방—사례 분석)

4장: 내가 머물고 싶은 미래의 공간(테라스—삶의 지향점)

G씨는 이 튼튼한 뼈대를 완성하고 나서야 비로소 각 방의 가구 배치를 시작할 수 있겠다며 안도했습니다. 잘 설계된 목차는 친절한 내비게이션처럼 작가가 자신의 의도대로 글을 쓸 수 있도록 안내한다는 것을 보여준 사례입니다.

효과적인 목차 설계는 문제 상황에서 시작해 해결책에 도달하는 서사를 구축하는 일입니다. 하지만 효과적인 목차 설계를 위한 정답은 없습니다. 예를 들어 《자기 표현력》의 경우

정석적인 구조를 보여줍니다. 1장에서 일상의 서투른 표현을 짚어주며 문제 제기를 부각한 뒤, 2장부터 4장까지 내면 탐색, 기술적 구현, 실전 적용으로 이어지는 해결책을 논리적으로 연결했습니다. 독자의 가려운 곳을 먼저 긁어주고 대안을 제시하는 안정적인 흐름입니다.

반면 《글쓰기가 만만해지는 하루 10분 메모 글쓰기》는 정석을 살짝 비튼 목차 구성을 보여줍니다. 필요성이나 중요성을 강조하는 대신, 1장에서 '독자의 글쓰기를 방해하는 적들'을 먼저 파고듭니다. 왜 우리가 그동안 글을 쓰지 못했는지 글쓰기의 방해 요소를 스스로 찾게 함으로써 심리적 진입 장벽을 낮추었습니다. 이후 2, 3장에서 메모를 통해 글쓰기 습관 형성과 4장에서 메모를 완성된 글로 만드는 방법으로 글이 전개되면서 초보 작가들의 글쓰기의 어려움을 차례대로 해결했습니다. 이 책을 읽고 따라 하기만 하면 조금은 글쓰기가 '만만해질' 수 있다는 킬러 컨셉을 충실히 따랐습니다. 이 목차는 글쓰기를 쉽고 만만하게 생각하고 실행할 수 있도록 글쓰기 초보자들의 고민과 해결책을 순서대로 담았습니다. 이것이 단순히 타인의 목차 설계 방식을 답습해서는 안 되는 이유입니다.

· 왜 우리는 목차에 집착해야 하는가 ·

일반적으로 한 권의 책은 3~5개의 장(Chapter)과, 장당 8~10개의 세부 꼭지(Sub-topic)로 구성되어 총 40개 내외의 꼭지(마디)를 형성합니다. 작가가 이 마디들에 집착하는 이유는 목차가 지닌 힘 때문입니다. 목차는 독자가 길을 잃지 않고 작가의 의도에 수월하게 도달하도록 도와줄 뿐 아니라, 작가가 '오늘 무엇을 쓸까' 고민하며 모니터만 바라보는 고문의 시간을 줄여줍니다. 또한 글 전체를 한눈에 조망할 수 있는 설계도이자 책의 완성도를 보장해주는 틀이기도 합니다.

하지만 목차를 짜는 과정에서 자주 범하는 실수들이 있습니다. 우선, 챕터별 꼭지 수의 균형을 맞추는 것이 중요합니다. 특정 장에만 15개의 꼭지가 몰려 있고, 다른 장에는 서너 개에 불과하다면 독자는 책의 중심이 무너졌다고 판단하게 됩니다. 각 장이 비슷한 분량과 무게감을 유지해야 독자의 피로를 줄이고, 집필의 리듬도 유지할 수 있습니다.

또한, 문장 구조와 어조의 일관성을 유지하는 것이 필요합니다. 장의 제목과 세부 꼭지 제목의 형식을 통일하는 세심함이 요구됩니다. 어조가 중구난방으로 섞여 있다면 책 전체가 산만한 인상을 줄 수 있습니다.

나쁜 예시(구조적 불일치)

1장 : 표현이 왜 중요한가(의문문)

2장 : 내면의 목소리 듣기(명사형)

3장 : 대화의 기술을 전수함(서술형)

좋은 예시(구조적 통일성)

명사형 ┌ **1장** : 감정 표현의 중요성
　　　　 └ **2장** : 자기 객관화의 실천

의문문 ┌ **1장** : 왜 우리는 말하기 힘든가?
　　　　 └ **2장** : 어떻게 나를 드러낼 것인가?

명령형 ┌ **1장** : 우선 내 마음을 살펴라
　　　　 └ **2장** : 솔직한 문장을 써라

　물론 쉽지 않습니다. 저 역시도 이 책을 쓰고 있는 중에 목차를 수없이 뒤집고 단어와 문장을 고르는 중이니까요. 하지만 뻔한 목차는 독자에게 지루함을 줄 뿐만 아니라 글을 쓰는 작가에게도 고통을 안겨줍니다. 한 가지 저만의 팁을 알려드리면 저는 전혀 다른 분야의 목차를 자주 봅니다. 온·오프라인 서점을 통해 다양한 장르의 책 목차를 수시로 드나들면서 엿봅니다. '아, 이 책은 목차를 이렇게 구성했네! 이런 문장과 단

어를 목차에도 쓸 수 있구나'라는 식으로 인상적인 목차들을 모아 두거나 따로 메모해 둡니다. 실용서를 쓰고 있다면 소설의 서사 구조를, 인문학 서적을 준비 중이라면 요리책의 단계별 레시피 순서 목차를 한번 눈여겨보세요. 이질적인 장르의 언어를 차용할 때 비로소 신선한 목차 구조가 만들어지곤 합니다. '고통스러운' 목차 설계는 작가라면 누구나 겪는 필연적인 과정입니다. 그 고통의 깊이만큼 독자의 읽기는 수월해지고, 작가의 메시지는 더 깊게 전달될 것입니다.

자료 조사

: 팔리는 책의 레퍼런스 수집법

글쓰기가 집을 짓는 과정이라면 목차는 설계도이고, 자료는 벽돌과 시멘트 같은 재료입니다. 아무리 설계도가 훌륭해도 재료가 부실하면 집은 단숨에 무너집니다. 자료 조사는 단순히 글을 풍성하게 만드는 선택사항이 아니라, 원고의 질을 결정하는 필수 과정입니다. 특히 개인의 경험을 다루는 에세이나 주장이 강한 실용서일수록 자료 조사는 결코 타협할 수 없는 공정입니다. 작가만의 세계에 갇힌 글은 독자에게 공허한 외침으로 들릴 뿐입니다. 내 경험이라는 주관적 세계에 통계,

뉴스, 논문, 사례라는 객관적 근거를 입혀 보편성을 획득할 때 비로소 독자는 작가의 말에 강력하게 고개를 끄덕입니다.

튼튼한 자료는 글의 설득력을 더해줍니다. 예를 들어 "요즘 사람들이 외로움을 많이 느낀다(2023, 통계청)"라는 막연한 문장보다 "1인 가구의 60%가 사회적 고립감을 느낀다는 통계"가 훨씬 임팩트 있는 글이 됩니다. 통계 수치는 추상적인 감정을 실재하는 현상으로 치환하는 역할을 해서 독자들에게 좀 더 확실하게 작가의 의도를 전달합니다. 또한 튼튼한 자료는 작가의 사고를 확장시켜 줍니다. 자료를 찾다 보면 내가 미처 생각지 못한 관점을 발견하게 되어 글의 깊이가 달라집니다. 가령 '번아웃'에 대해 쓰다가 관련 논문을 조사하며 "번아웃은 개인의 의지력 문제가 아니라 조직의 보상 체계와 밀접하다"라는 연구 결과를 접한다면, 글의 초점은 단순히 개인의 휴식을 권고하는 수준을 넘어 사회 구조적 대안을 모색하는 방향으로 확장됩니다. 더불어 작가의 신뢰도를 확보하는 일입니다. 정확한 출처를 명시하는 태도는 작가가 이 주제를 얼마나 치밀하게 연구했는지 증명하는 징표가 됩니다. 예를 들어 "어디선가 읽은 적이 있는데"라며 모호하게 서술하는 대신, 《불안 대신 인문학을 선택했습니다》에서는 삶의 파고를 넘어서는 인문학적 성찰을 강조한다"라고 출처를 명확히 밝히면, 독자는 작가가 해당 분야의 문헌을 성실히 검토했다는 사실을 신뢰하게 됩니다.

자료 조사를 만만하게 보았다가 낭패를 본 기억이 있습니다. 퇴고 과정에서 인용한 책의 판본이 달라 쪽수를 잘못 적거나, 구판의 데이터를 신판인 것처럼 기재했다가 뒤늦게 발견하여 식은땀을 흘린 적이 있었는데요. 문장 하나를 위해 수십 권의 책을 다시 뒤져야 했던 그 경험은 또 한 번 정확한 기록과 정리, 교차 검증의 필요성을 깨닫게 한 뼈아픈 교훈이었습니다. 이후로는 아무리 사소한 정보라도 원천 데이터를 통해 재검증하는 습관을 지니게 되었습니다.

방대한 데이터의 바다에서 길을 잃지 않으려면, 검증된 정보가 모이는 길목을 아는 것이 중요합니다.

1. 공공기관 보도자료 활용하기

숫자나 통계가 필요할 때 어려운 논문을 뒤지기보다, 관련 부처나 통계청 홈페이지의 보도자료 게시판을 먼저 확인하는 것이 좋습니다. 전문가들이 일반인이 이해하기 쉽게 핵심 수치와 그래프를 정리해 둔 자료이므로, 원고에 바로 인용하기

적합한 고품질의 소스입니다. 다만 뉴스 키워드 검색으로 흐름을 파악한 후 검색 엔진과 다양한 경로를 통해 원천 자료를 찾고 이를 교차 검증하길 권합니다.

2. 연구소 및 재단 리포트 참고하기

깊이 있는 식견이 필요할 때는 각 분야 NGO 연구소나 지자체 연구원들이 발행하는 리포트를 검색해 보시기 바랍니다. 학술 논문보다 현장 중심적인 제언이 담겨 있어, 활동가나 실무자 출신 작가들이 논리적 근거를 확보하기에 매우 유용합니다.

3. 디지털 스크랩북으로 원석 보관하기

자료를 모으는 것보다 중요한 것은 필요할 때 즉시 꺼내 쓸 수 있도록 분류하는 일입니다.

웹 서핑 중 발견한 기사, 사진, 짧은 생각은 즉시 디지털 도구에 저장하는 습관이 필요합니다. 특히 노션(Notion) 등과 같은 글을 정리할 수 있는 어플을 사용하면 클릭 한 번으로 다양한 자료를 쉽게 정리 및 저장할 수 있습니다. 이때 자료를 그냥 쌓아두지 말고 자신만의 태그를 달아두면 나중에 원고를 쓸 때 검색만으로 관련 자료를 모두 불러올 수 있어 매우 유용합니다.

4. 음성 메모와 사진으로 아이디어 박제하기

길을 걷다 떠오른 문장이나 서점에서 발견한 책의 한 구절은 그 자리에서 기록해야 합니다. 간단한 내용의 경우 음성으로 녹음한 후 텍스트로 변환해서 노션이나 나만의 기록 어플에 저장해두고, 참고 서적의 특정 페이지의 경우 사진을 찍어 이미지 속 글자를 다시 텍스트로 변환해주는 어플을 이용해서 저장해 둡니다. 찰나의 영감을 텍스트화하여 보관하는 것이 핵심입니다.

5. 마인드맵으로 생각의 지도 그리기

파편화된 정보들을 주제별로 묶어보고 싶을 때는 시각적 도구를 활용하는 것이 효과적입니다. 최근에는 데이터를 다양한 방법으로 시각화할 수 있는 여러 앱들이 개발되어 이를 활용하여 자료를 정리하는 방법도 추천합니다.

자료 조사는 단순히 정보를 모으는 행위가 아니라 내 생각을 검증하고 강화하는 지적인 설계 과정입니다. 주관적인 경험에 객관적인 데이터를 덧입히는 수고로움을 아끼지 말아야 합니다. 잘 모은 자료 하나가 열 장의 유려한 문장보다 독자의 마음을 더 빠르게 움직일 수 있기 때문입니다.

샘플 원고

: 글의 '잘 씀'보다 '가능성'을 보여주기

출간 기획서가 설계도라면 샘플 원고는 그 설계도를 바탕으로 지은 첫 번째 방입니다. 머릿속으로만 구상하던 책의 형체가 처음으로 종이 위에 내려앉는 순간이기도 합니다. 많은 이들이 이 단계에서 완성도에 대한 압박을 느끼곤 하지만, 사실 샘플 원고의 가장 큰 목적은 기술적인 완벽함이 아니라 이 책 전체를 관통할 '목소리'를 찾아내는 데 있습니다.

글쓰기에서 톤앤매너를 설정하는 것은 독자와 나 사이에

어떤 공기를 채울지 결정하는 작업입니다. 이는 단순히 문체가 유려한가의 문제를 넘어 책의 질을 결정짓는 세 가지 핵심적인 이유를 가집니다.

첫째, 독자와의 신뢰 관계입니다. 정보가 범람하는 시대에 독자가 굳이 종이책을 집어 드는 이유는 그 안에 담긴 작가의 고유한 관점과 태도를 읽기 위함입니다. 일관된 톤앤매너는 작가가 자신의 철학을 얼마나 단단하게 유지하고 있는지를 보여주는 지표가 됩니다. 문장이 예고 없이 차가워졌다가 지나치게 감상적으로 변하기를 반복한다면, 독자는 작가의 손을 잡고 끝까지 걷기에 불안함을 느끼게 됩니다.

둘째, 작가 스스로를 보호하는 방어선이 되어줍니다. 집필은 대개 수개월이 걸리는 고단한 여정입니다. 어떤 날은 의욕이 넘치지만, 어떤 날은 단 한 문장도 나아가지 못하는 침체기를 겪기도 합니다. 이때 미리 설정해 둔 톤앤매너는 감정의 기복에 휘둘리지 않고 원고의 질을 일정하게 유지해 주는 가이드라인이 됩니다. 책상 앞에 앉아 '오늘 나는 어떤 태도로 말을 건넬 것인가'를 고민하는 소모적인 시간을 줄여주기 때문입니다.

셋째, 예상 독자의 선호에 부합하는 적중률을 높이기 위함입니다. 내 글을 읽어줄 대상이 이십 대 사회 초년생인지, 오십 대 은퇴 예정자인지에 따라 적절한 목소리의 톤은 달라질 수밖에 없습니다. 타깃 독자가 평소 즐겨 읽는 언어와 호흡으로 톤을 맞추는 과정은, 좋은 원고를 쓰는 단계를 넘어 시장에서 선택받는 책을 만드는 전략적인 선택입니다.

톤앤매너를 설정하지 않은 채 글을 쓰면, 작가의 기분이나 소재의 성격에 따라 문장의 결이 시시각각 변하게 됩니다. 이는 독자에게 혼란을 주며 글의 신뢰도를 떨어뜨리는 원인이 됩니다. 구체적인 예시를 통해 그 차이를 살펴볼까요?

톤앤매너를 정하지 않았을 때 → 감정과 정보의 불협화음

"나 홀로 남겨진 이 밤, 고독이라는 심연이 나를 집어삼키는 것만 같아 눈물이 차오른다. 통계청 자료에 따르면 1인 가구의 비중은 전년 대비 3.5% 증가했으며, 이는 현대 사회의 고립 문제가 심각함을 시사한다. 우리는 이 비극적인 현실 앞에서 더 이상 좌절하지 말고 연대해야 한다."

문제점 — 전반부의 지나친 자기연민과 후반부의 딱딱한 통계 자료, 그리고 갑작스러운 훈계조의 결론이 서로 겉돕니다. 독자는 작가의 감정에 공감해야 할지, 정보에 집중해야 할지 갈피를 잡지 못하게 됩니다.

톤앤매너를 정했을 때(위트 있는 다정한 조언자)
→ 파편화된 정보의 유기적 결합

"고독은 가끔 불청객처럼 찾아오지만, 다행히 그는 집세를 내지 않아도 되는 얌전한 손님입니다. 그저 소파 한쪽에 앉아 내가 차를 마시는 것을 물끄러미 바라볼 뿐이지요. 실제로 1인 가구가 3.5%나 늘었다는 통계를 보면, 제 거실에 앉아 있는 이 손님이 비단 저에게만 찾아온 것은 아닌 모양입니다. 그러니 이 적막을 너무 비장하게 받아들일 필요는 없습니다. 우리는 그저 각자의 방에서 기분 좋은 고립을 공유하고 있는 셈이니까요."

장점 — 미리 설정된 톤은 작가가 빠지기 쉬운 비장미를 걸러 내어 독자가 부담 없이 메시지에 집중하도록 돕습니다. 딱딱한 수치조차 작가의 따뜻한 목소리 안에서 하나의 다정한 조언으로 읽히게 됩니다. 파편화된 지식들이 하나의 이야기 흐름으로 묶이면서, 독자는 책 전체를 하나의 완결된 경험으로 느끼게 되고 가독성은 저절로 **높**아집니다.

샘플 원고는 이렇게 책 원고의 톤앤매너를 결정하는 중요한 작업입니다.

그렇다면 샘플 원고는 어느 정도 분량으로 써야 할까요? 많은 초보 작가들이 궁금해하는 부분 중 하나인데요. (완벽한 목차가 완성되었다는 전제하에서) 샘플 원고는 최소 한 챕터(장) 이상 써보시길 권합니다. 최소 한 챕터는 써야 전체 원고의 톤앤매너를 결정할 수 있기 때문입니다. 한 챕터를 샘플 원고로 써보고 난 후 전체 목차와 킬러 컨셉, 책 제목 등과의 조화를 다시 한번 체크하면서 전체 원고의 흐름을 결정하시는 것이 좋습니다.

서문 쓰기

: '이 작가를 믿어도 될까'에 답하는 문장

연말 시상식 무대에 오른 한 배우가 품 안에서 종이를 꺼내 감독, 스태프, 소속사 식구, 지인들의 이름을 수십 명씩 호명하며 감사를 전하는 장면을 본 적이 있을 것입니다. 그 마음은 충분히 이해하지만, 시청자들은 어느 순간부터 지루함을 느끼며 채널을 돌리고 싶어집니다. 시청자가 기대한 것은 그가 연기에 임했던 치열한 고민이나 작품 뒤의 숨겨진 서사였지, 개인적인 인맥의 목록이 아니기 때문입니다. 이름이 나열될수록 TV 밖의 대중은 그들만의 잔치에 초대받지 못한 이방인이 된 기분을 느낍니다. 책의 서문 역시 이 시상식 소감과 놀라울 정도로 닮아 있습니다. 독자가 서문을 펼칠 때 기대하는 것은 작가가 누구에게 신세를 졌는지가 아니라 '이 책이 나의 삶에 어떤 의미가 있는가'입니다. 서문은 본문을 읽기 전 처음 만나는 글이자 이 책을 끝까지 읽어야 할 이유를 설명하는 공식적인 제안서여야 합니다. 본문이 작가의 지식과 경험을 본격적으로 펼치는 공간이라면, 서문은 우리가 왜 이 주제에 주목해야 하며 이 책이 어떤 가치를 줄 수 있는지를 명확히 전달하며 독자를 주인공으로 대접하는 자리입니다.

· 서문에 들어가야 할 세 가지 진심 ·

서문을 쓸 때는 미려한 수사보다 독자가 납득할 수 있는 구체적인 정보와 진실한 태도가 필요합니다. 이해를 돕기 위해 생활 속 실천을 강조하는 한 환경운동가가 책을 쓴다고 가정하고 각 요소의 예시를 살펴보겠습니다.

1. 집필의 동기(Why)
수많은 책이 쏟아지는 시장에서 이 기록이 굳이 출간되어야 했던 이유를 밝혀야 합니다. 거창한 사회적 사명감이 아니더라도, 작가가 현장에서 발견한 문제의식이나 개인적인 경험에서 비롯된 절실함이 드러날 때 독자는 글의 진정성을 신뢰하게 됩니다.

환경운동가 예시 ― 환경운동가로 살며 수많은 강연대에 섰지만, 정작 제 가방 속에는 강연장에서 받은 일회용 생수가 들어 있던 날이 많았습니다. 지구를 구하자는 거창한 구호와 제 일상 사이의 깊은 괴리를 목격한 순간, 저는 선언문이 아닌 '생활문'을 써야겠다고 다짐했습니다. 이 책은 한 환경운동가의 부끄러운 고백이자 일상의 틈새에서 행한, 환경을 사랑하는 '유쾌한 불편함'을 담았습니다.

2. 킬러 컨셉과 차별성(How & What)

독자가 자신의 시간과 비용을 들여 왜 하필 이 책을 선택해야 하는지 설득해야 합니다. 기존 도서들과 차별화되는 지점을 명확히 제시해보세요.

환경운동가 예시 ― 기존 환경 도서들이 빙하의 눈물이나 플라스틱 통계를 보여주며 공포를 심어줄 때, 이 책은 '유쾌한 불편함'에 집중합니다. 모든 것을 완벽하게 끊어내는 근엄한 태도가 아니라, 일주일에 하루 배달 음식을 끊거나 샴푸 바를 써보는 식의 가벼운 실험들을 제안합니다. 죄책감을 주는 대신 실천 가능한 즐거움을 담았다는 점이 이 책만의 무기입니다.

3. 독자가 경험할 구체적인 변화(Benefit)

책을 다 읽고 난 뒤 독자의 삶이나 관점이 어떻게 달라질 수 있는지 알려주어야 합니다. 이는 작가가 정답을 강요하는 것이 아니라, 독자가 얻게 될 효용을 미리 보여줌으로써 끝까지 읽어나갈 동기를 부여하는 과정입니다.

환경운동가 예시 — 이 책을 다 읽고 나면 마트 계산대 앞에서 혹은 배달 앱을 켤 때 잠시 멈춰 서게 될 것입니다. 그 찰나의 멈춤은 단순히 쓰레기를 줄이는 행위를 넘어, 내가 소비하는 물건의 여정을 사유하는 태도로 이어집니다. 무력한 개인에서 지구를 위해 행동하는 주체로 변모하는 즐거움을 경험하게 될 것입니다.

또한 출간된 책에 보면 서문에 감사의 인사를 전하는 부분이 있습니다. 반드시 써야 하는 것은 아니지만 책 출간을 위해 애쓴 자신 외의 다른 사람들에게 인사를 전한다는 것은 중요합니다. 단, 이때 주의할 점이 있습니다. 출판사 담당자나 가족에 대한 고마움을 표현하는 것은 좋지만, 그 비중이 지나치게 커지면 독자는 다시 연말 시상식의 이방인이 됩니다. 감사의 인사는 가급적 서문의 마지막 단락에 짧게 배치하거나 별도의 페이지로 분리하는 것이 좋습니다. 만약 서문에 포함한다면 "이 책의 논리를 정교하게 다듬어준 에디터 덕분에 독자 여러분은 더 명확한 메시지를 만날 수 있게 되었습니다"처럼, 작가의 주변인에 대한 감사가 독자의 읽기 경험에 어떤 긍정적인 영향을 미쳤는지 연결하는 것이 세련된 방식입니다. 서문은 내가 얼마나 대단한 사람인지 증명하는 자리가 아니라, 나의 부족함에도 불구하고 이 기록이 누군가에게 작은 위로가 되길 바라는 낮은 마음을 보여줄 때 독자는 비로소 작가를 신뢰하게 됩니다.

출간 기획서

: 작가의 진심을 '시장 언어'로 번역하기

앞선 글을 통해 타깃 독자를 설정하고, 킬러 컨셉을 도출하며, 제목의 기둥을 세우고, 목차라는 설계도와 서문이라는 초대장까지 정성껏 준비했습니다. 이제 이 모든 재료를 한데 모아 출판사라는 높은 문을 통과할 공식적인 제안서를 만들 차례입니다. 바로 출간 기획서입니다.

출간 기획서는 작가의 머릿속에만 있던 관념적인 진심에 시장성이라는 옷을 입히는 작업입니다. 여기서 시장성이라는 단어를 듣고 괜히 내 소중한 글이 상업적으로 변질되거나 가벼워보일까 봐 걱정하는 작가들이 많습니다. 하지만 책 쓰기에서 시장성이란 단순히 돈이 되는 글을 쓰는 것이 아닙니다. 내 글이 서점이라는 드넓은 광장에서 독자의 시선을 붙잡고, 그들의 삶에 기여할 준비가 되었음을 증명하는 공적인 약속입니다. 아무리 좋은 원고라도 기획서라는 통로가 제대로 마련되지 않으면 출판사의 선택을 받기 어렵습니다.

15년 동안 NGO 단체에서 구호 활동을 펼쳐온 활동가 J씨의 사례는 출간 기획서의 중요성을 보여줍니다.

책 쓰기 프로그램의 첫날, 맨 뒷자리에 앉아 있던 J씨는 15년 동안 NGO 단체에서 국내외 구호 활동을 펼쳐온 활동가였습니다. 그는 10년이 넘는 시간 동안 재난 현장과 소외된 이웃들의 곁을 지키며 기록해온 현장 일지와 단상들이 담긴 노트를 책상 위에 올려두고 있었습니다. 사실 J씨는 프로그램에 오기 전, 이미 혼자만의 힘으로 출간에 도전했다가 깊은 좌절을 맛본 상태였습니다.

"가장 뜨거웠던 시절의 모든 헌신이 담긴 이 기록물이라면 어떤 출판사든 서로 내겠다고 줄을 설 줄 알았어요. 하지만 수십 군데 출판사에 원고를 투고해 봐도 돌아오는 건 거절 메일뿐이었습니다."

J씨가 겪었던 실패의 이유는 명확했습니다. 자신이 쓰고 싶은 글을 썼을 뿐, 출판사가 기꺼이 종이 위에 옮겨 세상에 내놓을 만한 공적인 의미를 증명하는 제대로 된 출간 기획서를 준비하지 않았기 때문입니다. 당시 J씨는 기획서라는 기준 없이 곧장 원고를 써 내려갔습니다. 그러다 보니 어느새 독자가 궁금해하는 현장의 이야기가 아닌, 개인적인 고단함과 감정에만 매몰되어 책의 본질에서 멀어지고 말았습니다. J씨는 저와 함께 출간 기획서를 써 내려가며 집필의 길잡이를 세우기 시작했습니다. 기획서라는 명확한 설계도가 생기자, 더 이상 감정의 늪에 빠지지 않고 글의 목적과 방향성을 끝까지 유지할 수 있었습니다. 주관적인 경험에 객관적인 근거를 입히는 작업에 공을 들였고, 개인이 느끼는 막연한 슬픔을 사회적인 현상으로 치환하여 독자가 문제의 심각성을 즉각적으로 체감하게 만들었습니다. 출간 기획서를 수정하며 J씨는 중요한 점을 깨달았습니다. 더 이상 자신의 인생이 얼마나 대단한지를 강조하지 않았습니다. 대신 이 경험이 각박한 세상을 살아가는 독자들에게 어떤 구체적인 위로와 실천의 용기를 줄 수 있을까를 진지하게 고민하게 되었습니다. 작가의 진심에 정교한 틀을 입히자, 글은 비로소 공적인 가치를 지니게 되었던 것입니다. 결국 J씨는 이 수정된 출간 기획서로 출판사와 계약에

성공했고, 담당 에디터는 "기획안만 보고도 독자와의 접점이 선명해 바로 결정을 내릴 수 있었다"는 후기를 전했습니다.

출간 기획서는 완전히 새로운 것을 창조하는 작업이 아닙니다. 이미 앞에서 다룬 독자 타깃팅, 킬러 컨셉, 제목, 서문 등의 조각들을 출판사가 이해하기 쉬운 서류 양식에 담아내는 과정입니다. J씨의 사례를 바탕으로 출간 기획서의 구체적인 항목별 작성법을 알아보겠습니다.

1. 책 제목(가제 1, 2안)

책 제목은 출간 기획서의 첫인상입니다. 앞에서 고민했던 책 제목 정하기의 원칙을 활용해 출판사가 바로 선택할 수 있는 대안을 제시합니다.

· **초안**: 어느 활동가의 15년 기록(단순 나열형)
· **가제 1안**: 타인의 고통에 응답하는 법(부제: 15년 차 활동가가 현장에서 배운 연대의 기술)
· **가제 2안**: 우리는 연결될수록 단단해진다(부제: 각자도생의 시대, 나눔의 미학을 찾는 기록)

2. 기획 의도 (기획 의도 3단 구성법)

서문 쓰기에서 다룬 내용을 바탕으로 다음과 같이 세 단락으로 구성을 갖춥니다.

현황(Problem) ― 최근 3년간 복지 사각지대 발굴 건수가 20% 이상 증가했다는 보건복지부의 통계(2024)는 우리 사회의 단절과 고립이 심각함을 보여줍니다. 많은 이들이 타인의 고통에 공감하면서도, 정작 일상에서 어떻게 연대해야 할지 몰라 무력감을 느끼곤 합니다. 각자도생의 파도 속에서 개인의 선의는 길을 잃고 파편화되어 가고 있습니다.

해결(Solution) ― 이 책은 15년 재난 현장에서 건져 올린 구체적인 연대의 기술을 제안합니다. 단순히 재난 지역에서의 고생담을 늘어놓는 것이 아니라, "기후 위기로 인한 재난 피해 복구 비용이 매년 최고치를 경신하고 있다"는 환경 단체의 데이터와 현장에서 직접 찍은 사진 및 일지를 교차시켜 주관적인 경험에 객관적인 근거를 입혔습니다. 타인의 슬픔 앞에 곁을 내어주는 법과 지속 가능한 나눔의 마음 근육을 기르는 실천적 방법론을 담았습니다.

효과(Message) ― 독자들은 이 책을 통해 나눔이 타인을 돕는 일방적인 행위를 넘어, 결국 나 자신의 삶을 회복시키는 과정임을 깨닫게 됩니다. 고립된 개인이 아닌 연결된 존재로서의 안도감을 얻으며, 일상 속에서 작지만 단단한 연대를 실천할 용기를 갖게 될 것입니다.

3. 독자층(Target)

첫 꼭지에서 다룬 타깃 독자를 구체적으로 명시합니다.

주 타깃 — 일상 속에서 연대의 미학이나 성찰에 관해 알고 싶어 하는 사람들, 타인과 연결됨으로써 삶의 의미를 찾고자 하는 성찰적인 20~50대 독자들.

부 타깃 — 나눔의 현장에 관심이 있는 예비 활동가 및 번아웃을 겪으며 활동의 본질을 되묻고 있는 NGO 종사자들.

4. 차별화 포인트(Edge)

두 꼭지의 킬러 컨셉을 활용해 유사 도서와의 빈틈을 공략합니다.

차별성 — 기존 도서들이 활동가의 고생담이나 개인적인 희생을 강조한 영웅적 서사에 집중했다면, 이 책은 활동가와 독자의 평행 이론에 집중합니다. 재난 현장의 극적인 사례를 일상의 인간관계와 사회적 연대의 문제로 치환하여 독자가 자신의 삶에 즉각 대입할 수 있는 통찰을 제공합니다. 텍스트 위주의 구성에서 벗어나 현장감이 살아 있는 미공개 사진과 일지 원문을 교차 배치하여 시각적 몰입도를 높인 점이 이 책만의 차별점입니다.

5. 저자 소개

이 책을 쓸 수 있는 전문성과 진정성을 보여줍니다. 15년 경력의 활동가로서의 전문 이력과 더불어, 꾸준히 운영해온 브런치나 인스타그램 등 SNS 링크를 포함합니다. 이는 작가가 이미 일정 수준의 팬덤을 보유하고 있으며, 출간 후 능동적으로 책을 홍보할 준비가 된 마케팅 파트너임을 어필하는 지표가 됩니다.

6. 세부 목차(Contents)

목차 설계 단계에서 확정한 장과 꼭지명을 나열합니다. 에디터가 목차만 읽어도 책 한 권의 논리적 흐름이 파악되도록 정교하게 배치합니다.

출판사는 작가의 과거 기록 자체를 출간하는 것이 아니라, 그 과거가 독자의 미래에 어떤 긍정적인 변화를 일으킬 수 있는지를 보고 출간을 결정합니다. 출간 기획서를 쓰는 작업은 작가의 고집을 내려놓고 독자의 필요에 맞추는 과정입니다. 원고가 거절당하고 있다면, 그것은 내용의 부족함 때문이 아니라 진심을 전달할 출간 기획서에 아직 '시장성'이 입혀지지 않았을 수도 있습니다. 좋은 출간 기획서는 미사여구가 가득한 글이 아니라, 해결하려는 문제가 무엇인지 그리고 그 방법이 얼마나 실질적인지가 분명하게 드러나는 글임을 다시 한번 생각해보세요.

집필 계획서

: 작심삼일을 피하는 페이스메이킹

모든 설계가 끝났으니 나만의 집필 계획서를 써 볼 시간입니다. "또 무엇을 써야 하는가"라며 한숨 섞인 탄식이 들리는 듯하지만, 이 과정은 작가가 자신에게 보내는 상세하고 다정한 안내서입니다. 출간 기획서가 외부를 향한 문이라면, 집필 계획서는 나만의 집필실 내부를 밝히는 등대와 같습니다. 원고의 방대한 흐름 속에서 길을 잃지 않도록 돕는 이 문서는 실제 집필에 들어갔을 때 겪게 될 막막함을 줄여주는 실질적인 지도이자, 혼자만의 작업인 글쓰기에서 유일하고 경쾌한 페이스메이커가 되어줍니다. 만약 이러한 상세한 계획 없이 집필의 바다로 뛰어들면 몇 가지 실질적인 어려움에 직면하게 됩니다. 우선 원고의 일관성이 무너집니다. 기분에 따라 문체가 널뛰거나 이미 서술한 내용을 무의식적으로 반복하게 되어 작가의 논리에 대한 신뢰를 떨어뜨리고 책 전체의 완성도를 해칩니다. 다음으로 집필 속도가 현저히 저하됩니다. 매일 아침 모니터 앞에서 소재를 고민하는 시간이 길어질수록 글쓰기는 즐거운 창작이 아닌 고통스러운 숙제로 변질됩니다. 잘 준비된 재료는 완성도 높은 요리를 만들 듯, 잘 준비된 집필 계획서는 완성도 높은 책의 원고를 만듭니다. 마지막으로 원고 전체의 균형이 상실됩니다. 작가에게 익숙한 주제는 과하게 길어지는 반면 익숙하지 않거나 자료가 부족한 부분은 빈약하게 채워집니다. 이러한 불균형은 책의 리듬감을 깨뜨리고 독자가 끝까지 읽어낼 동력을 앗아갑니다.

초보 작가들이 범하는 흔한 실수 중 하나는 집필 계획서 없이 곧장 원고 집필에 뛰어드는 것입니다. 의욕만 앞서다 보면 목차 간의 에피소드가 겹치거나 메시지가 중복되어 자칫 원고를 다시 써야 하는 불상사를 겪기도 합니다. 저 역시 여러 권의 책을 집필했지만, 집필 계획서 작성은 원고 집필 다음으로 많은 시간을 할애할 만큼 중요하게 다룹니다. 첫 책을 쓸 당시에는 아무것도 몰랐던 터라 계획서 없이 바로 원고를 썼고, 그로 인해 앞서 언급한 여러 실수를 범했습니다. 두 번째 책부터는 시행착오를 줄이고자 많은 시간을 들여 아래와 같은 양식의 집필 계획서를 직접 만들어 활용하고 있습니다.

집필 계획서 양식

목차	핵심 메시지	주요 에피소드	관련 자료 및 데이터	기타 (집필 톤 및 자주 하는 실수)

집필 계획서에서 가장 신경 써야 할 부분은 주요 에피소드와 기타 영역입니다. 이 두 칸은 원고의 살점과 근육을 결정하는 설계도로, 이 두 칸을 어떻게 채우느냐에 따라 글의 입체감이 달라집니다. 단순히 정보를 나열하는 수준을 넘어 구체적인 장면의 포착과 냉철한 자기 객관화가 필요한 구간입니다.

우선 주요 에피소드 칸에는 사건의 줄거리를 장황하게 늘어놓지 않는 것이 원칙입니다. 대신 '한 장의 사진'처럼 선명하게 기억되는 찰나의 장면을 기록하는 데 집중합니다. "비 오는 날 카페에서 노트북을 열었을 때의 적막함"이나 "오래된 서랍을 열었을 때 풍기던 종이 냄새"처럼 오감을 자극하는 이미지를 한 문장으로 포착하는 것이 중요합니다. 서술이 아닌 묘사의 재료를 미리 준비해 두면, 실제 집필 시 문장은 훨씬 생생한 현장감을 담게 됩니다. 막연한 기억을 구체적인 감각으로 치환하는 것만으로도 초고의 밀도는 높아집니다. 이렇게 포착한 장면이 글의 외형을 만든다면, 기타 칸은 그 글이 나아갈 올바른 태도를 규정합니다. 이곳은 작가 스스로를 향한 정직한 코칭이자 집필 페이스메이커의 역할을 수행합니다. 여기에는 크게 두 가지 성격의 메모가 포함되어야 합니다.

첫째, 집필 톤의 고정입니다. 해당 꼭지에서 유지해야 할 글의 온도를 미리 적어두는 것입니다. "이 부분은 냉정한 분석가의 톤을 유지할 것" 혹은 "여기서는 독자에게 따뜻한 차 한 잔을 건네는 기분으로 쓸 것"과 같은 지침은 원고 전체의 결을 일정하게 만듭니다. 둘째, 샘플 원고를 쓰면서 알게 된 잦은 실수들을 적어놓습니다. 평소 문장이 길어지는 습관이 있다면 "한 문장은 두 줄을 넘기지 말 것"이라고 적어 두고, 한자어를 남용한다면 "쉬운 우리말로 풀어쓸 것"이라고 명시해 둡니다. 이 짧은 메모는 원고가 길을 잃을 때마다 방향을 잡아주는 유능한 코치이자 페이스메이커의 역할을 해줍니다.

✔ 팔리는 책을 위한 기획 셀프 체크리스트

잘 팔리는 책을 위해 기획 단계에서 스스로 점검해봐야 할 핵심 사항들을 정리했습니다. 각 단계에서 스스로에게 질문을 던지며 현재 나의 준비 상태를 확인해 보세요. 각 꼭지별로 나의 내면과 전략을 점검해보는 질문들입니다.

STEP 1 　독자 설정(Targeting)

☐ 나의 이야기가 가닿을 '단 한 사람'의 구체적인 독자(페르소나)가 설정되었는가?

☐ 나의 과거 고통이나 실패가 누군가에게 실질적인 위로나 가이드가 될 수 있는가?

☐ 독자가 내 책을 읽고 난 뒤 얻어갈 확실한 보상(정보, 감동, 재미 등)이 정의되었는가?

STEP 2 　킬러 컨셉(Concept)

☐ 독자에게 익숙한 정보(70%)와 나만의 낯선 관점(30%)이 황금비율을 이루는가?

☐ "이 책은 어떤 책인가요?"라는 질문에 한 문장으로 명확히 답할 수 있는가?

☐ 기존 시장에 나온 비슷한 주제의 책들과 차별화되는 '나만의 안경(관점)'이 있는가?

제목(Title)

☐ 제목이 서점 매대에서 독자의 시선을 2초 안에 사로잡을 만큼 날카로운가?

☐ 독자의 감정적 결핍을 건드리거나 구체적인 혜택을 약속하고 있는가?

☐ 막연한 형용사 대신 손에 잡히는 명사와 동사를 사용하여 정체성을
드러냈는가?

STEP 4   목차 구성(Structure)

☐ 전체 원고가 3~5개의 장, 총 40개 내외의 꼭지로 유기적으로 설계되었는가?

☐ 특정 장에 꼭지가 몰리지 않도록 챕터별 분량의 균형을 맞추었는가?

☐ 각 장과 꼭지의 이름이 일정한 리듬감(어조, 종결 어미 등)과 통일성을
갖추었는가?

STEP 5   자료 조사(Data & Evidence)

☐ 나의 경험이나 주장을 뒷받침할 객관적 근거(통계, 뉴스, 책, 영화, 영상매체 등)를
최소 하나 이상 매칭했는가?

☐ 인용한 자료의 출처가 명확하며 최신 데이터인지 원천 데이터를 통해
재검증했는가?

☐ 수집한 자료를 필요할 때 즉시 꺼내 쓸 수 있도록 자신만의 태그로 분류하고
저장했는가?

샘플 원고(Tone & Manner)

☐ 작가의 감정 기복에 상관 없이 원고의 결을 일정하게 유지해 줄 고유한
원고의 톤앤매너를 설정했는가?

☐ 핵심 챕터를 선택하여 완결된 형태의 원고로 집필해 보았는가?

☐ 내가 하고 싶은 말에만 함몰되지 않고, 독자가 읽기 편한 언어와 호흡으로
문장을 다듬었는가?

책의 서문(Invitation)

☐ 이 기록이 세상에 나와야만 하는 작가만의 절실한 집필 동기와 진심이 담겨
있는가?

☐ 책을 덮은 뒤 독자의 마음속에 남을 작은 변화나 약속을 정중하게 제안했는가?

☐ 가르치려는 태도를 버리고 독자가 자신의 경험을 투영할 수 있는 담백한
여백을 두었는가?

출간 기획서(Strategy)

☐ 개인적인 일기를 넘어 출판사와 독자가 시간과 정성을 들일 만한 '공적인
가치'를 증명했는가?

☐ 기존 도서들과 비교했을 때 이 책만이 가진 실용적 장점이나 차별화된
방법론이 선명한가?

☐ 이 책이 해결하려는 문제가 무엇이며, 그 타깃 독자가 누구인지 구체적으로
정의했는가?

☐ 각 목차 아래에 전달할 메시지를 고정하여 내용 중복이나 흐름의 이탈을 방지했는가?

☐ 장황한 설명 대신 오감을 자극하는 '찰나의 장면'을 에피소드로 포착하여 배치했는가?

☐ 작가 자신의 잦은 실수와 유지해야 할 집필 톤을 '기타' 항목으로 명시했는가?

책의 운명은 문장 안에 있다

PART 3

첫 문장의 공포

: 안 써지는 이유부터 해결하자

하얀 화면을 마주하는 일은 매일 반복되지만 매번 새롭습니다. 깜빡이는 커서는 마치 작가의 머릿속이 텅 비어 있음을 비웃는 박동 소리 같기도 하죠. 때로는 신호를 기다리는 깜빡이같기도 합니다. 우리는 이 고요한 압박(?) 앞에서 '첫 문장의 공포'라는 그럴듯한 병명을 얻곤 합니다. 하지만 사실 이 공포의 실체는 거창한 문학적 야심이 만들어낸 허상에 가깝습니다. 첫 문장이 글 전체의 운명을 결정지어야 한다는 비장함이 손가락을 굳게 만드는 것이죠. 이런 면에서 프란츠 카프카의

《변신》은 우리에게 꽤나 불친절하면서도 명쾌한 해답을 던져 줍니다.

> "어느 날 아침 그레고르 잠자는 불안한 꿈에서 깨어나 침대에 누워 있는 자신의 모습이 거대한 벌레로 변해 있는 것을 발견했다."
>
> – 프란츠 카프카, 《변신》, 더 클래식, 7쪽

이 문장은 지독하리만치 독자를 배려하지 않습니다. 자고 일어났더니 벌레가 되었다는, 말도 안 되는 결론부터 툭 던져놓고 시작하죠. 카프카는 서론을 길게 늘어놓으며 독자의 허락을 구하지 않았습니다. 그는 그저 가장 황당한 사건을, 가장 덤덤한 어조로 기록합니다. 우리가 첫 문장 앞에서 망설이는 이유는 '왜' 그런 일이 일어났는지 설명하려 들기 때문이지만, 카프카는 '무엇이' 일어났는지를 먼저 선언함으로써 첫 문장의 무게감을 가볍게 날려버렸습니다. 일단 벌레로 만들어 놓으면, 그다음 문장은 그 벌레가 침대에서 어떻게 내려올지를 고민하는 일상적인 차원으로 내려오게 됩니다.

첫 문장의 공포를 이기는 기술은 이처럼 '거창함'을 '구체성'으로 치환하는 데 있습니다. 만약 기다리는 첫 문장의 '영 감(靈感)'이 당신을 외면하고 있다면, 차라리 일상에서 비루한 시작점을 찾아보는 것이 현명합니다. "오늘 점심으로 먹은 김 치찌개가 넥타이에 튀었을 때, 나는 인류의 진화가 아직 미완 성임을 직감했다"는 첫 문장은 어떤가요? 거창한 인류애를 논 하기보다 찌개 얼룩이라는 일상의 이야기로 시작하니 문장은 확 와닿습니다. 익숙한 풍경을 살짝 비트는 것만으로도 노트 북 속 화면의 적막은 깨집니다. 이 방식은 독자의 경계심을 허 물고 작가와 독자를 같은 눈높이의 생활인으로 묶어주는 묘 술을 부립니다. 사소한 사건이 거대한 철학적 관점으로 번져 나가는 과정을 지켜보는 것은 독자에게도 꽤 근사한 유희가 됩니다.

때로는 사전의 힘을 빌려보는 것도 나쁘지 않습니다. 국어 사전이 정의하는 '권태'의 의미를 그대로 옮겨 적은 뒤, "하지 만 내가 겪은 권태는 사전에 적힌 것보다 훨씬 더 눅눅한 곰팡 이 냄새가 났다"고 덧붙여보는 식입니다. 이미 세상에 존재하 는 문장을 빌려오는 행위는 창작의 중압감을 덜어주는 훌륭 한 '합법적 도용'이 됩니다. 객관적인 정의라는 단단한 지반 위에 작가의 주관이라는 양념을 치는 순간, 첫 문장은 제법 그 럴싸한 권위를 갖추게 됩니다. 이는 독자에게 익숙한 개념을 확인시킨 뒤 곧바로 배신감을 선사하며 작가만의 독창적인 사유 속으로 끌어들이는 효율적인 장치가 됩니다. 박제된 단어에 작가의 개인적인 온기가 수혈될 때, 문장은 비로소 힘을 얻고 꿈틀거리기 시작합니다.

숫자와 데이터는 가장 차갑지만 가장 확실한 돌파구입니다. "대한민국 성인의 연간 독서량이 3.9권이라는 통계를 보며, 나는 내가 쓴 이 글이 그 3.9권의 일부라도 되길 바라는 심정으로 펜을 들었다"고 시작해 보십시오. 차가운 수치는 글에 신뢰감을 부여하는 동시에, 작가가 감정의 과잉에 빠지지 않도록 잡아주는 닻 역할을 합니다. 데이터라는 뼈대에 감정이라는 살을 붙이는 작업은 논리적인 글쓰기에서 의외로 부드러운 시작을 보장합니다. 수치는 추상적인 담론을 즉각적으로 현실의 문제로 끌어내려 독자의 뇌리에 박히게 만드는 강력한 힘을 지닙니다. 또한 숫자가 주는 명확함은 작가 스스로가 논지의 방향을 잃지 않게 돕는 훌륭한 나침반이 되어주기도 합니다.

가장 고전적이면서도 확실한 방법은 역시 구체적인 장면 속으로 독자를 밀어 넣는 것입니다. "그녀가 커피잔을 내려놓는 소리가 유독 날카롭게 들렸던 그날 오후"처럼, 오감을 자극하는 에피소드로 문을 여는 것이죠. 설명하려 하지 말고 그냥 보여주는 것, 그것이 첫 문장의 공포를 이기는 기술적인 핵심입니다. 독자는 당신의 철학을 궁금해하기 전에, 그 커피잔이 깨졌는지 아니면 다시 채워졌는지를 먼저 궁금해할 것입니다. 묘사된 장면은 독자의 머릿속에 즉각적인 이미지를 생성하며, 작가가 굳이 '슬펐다'거나 '긴장됐다'고 쓰지 않아도 분위기를 전달합니다. 잘 정돈된 장면 하나는 백 마디의 설명보다 더 깊은 몰입감을 선사하며 독자의 시선을 다음 문장으로 강하게 견인합니다.

이 밖에 새로운 영감이 필요하다면 영화나 드라마의 대사를 슬쩍 빌려오는 것도 세련된 방법입니다. "영화〈포레스트 검프〉는 인생을 초콜릿 상자라 말했지만, 내 인생은 상자 밑바닥에 남은 초콜릿 부스러기에 더 가까웠다" 식의 변주는 독자의 익숙함을 첫 문장의 무기로 활용합니다. 대중에게 각인된 문장은 그 자체로 흡입력을 지니고 있어, 당신의 글에 대한 진입 장벽을 낮춰주는 일등공신이 됩니다. 이미 검증된 명대사의 감동을 빌려와 작가만의 서사로 재해석하는 과정은 독자에게는 지적 유희를, 작가에게는 안전한 이정표를 제공합니다. 대사와 현실의 괴리를 파고드는 작가의 시선은 그 자체로 매력적인 서사가 되어 첫 문장의 독창성을 확보해 줍니다.

결국 첫 문장은 대단한 예술적 선언이 아니라, 다음 문장으로 가기 위한 일종의 '징검다리'일 뿐입니다. 초고의 첫 문장은 나중에 얼마든지 지워지거나 고쳐질 수 있습니다. 그러니 부디 완벽한 한 문장을 쓰려다 한 줄도 쓰지 못하는 완벽주의의 함정에 빠지지 마시길 바랍니다. 일단 아무 문장이나 내려놓으십시오. 카프카가 그레고르 잠자를 벌레로 만들었을 때처럼, 일단 저질러 놓고 나면 문장들이 알아서 수습을 시작할 것입니다. 글쓰기의 공포는 첫 문장을 쓰는 순간이 아니라, 쓰지 않고 바라만 보는 순간에만 존재한다는 사실을 기억해야 합니다.

말해주기와 보여주기

: 서술은 단호하게, 묘사는 세밀하게

책 쓰기 수업에서 만난 H씨는 문장 하나하나의 미문(美文)에 집착하던 이였습니다. 그의 글은 수려했으나 늘 안갯속에 가려진 풍경 같았습니다. 주인공이 카페에 들어서는 찰나를 설명하기 위해 창밖의 계절과 카페 주인의 이력, 그리고 주인공이 아침에 느꼈던 막연한 소회까지 장황하게 늘어놓았기 때문입니다. 독자가 카페 문턱을 넘기도 전에 이미 지쳐버리게 만드는 구조였죠. 그는 본론이라는 목적지에 도달하기도 전에 길가에 핀 모든 들꽃에 이름을 붙여주려 애쓰는 성실한, 그러나 효율적이지 못한 작가였습니다. 이런 장황함에서 빠져나오기 위해 소설가 김훈 작가의 이야기를 잠시 들려드릴까 합니다. 기자 출신인 김훈 작가는 정확하고 군더더기 없는 문장을 쓰는 작가로 유명하죠. 김훈 작가의 소설《칼의 노래》의 첫 문장입니다.

"버려진 섬마다 꽃이 피었다."

- 문학동네, 2022, 9쪽

작가는 이 한 문장을 놓고 무려 담배 한 갑을 태웠다고 합니다. 처음 이 소설의 첫 문장은 '꽃이 피었다'가 아니라 '꽃은 피었다'였습니다. '은'이 '이'가 되기까지 독자들은 모를, 수많은 고민을 했다는 이야기입니다. 작가가 그 후 출간한 산문집에서 자세한 이유를 밝혔는데요. "'꽃이 피었다'는 사실의 세계를 진술한 언어이고 '꽃은 피었다'는 의견과 정서의 세계를 진술한 언어"라고 말하며 자신은 사실만을 챙기는 문장이 마음에 든다고 말했습니다. 작가는 사실만을 표현하고, 나머지는 독자의 상상력에 맡기는 것입니다. 그의 문체에서 배울 점은 '단호한 서술형 마침표'입니다. 그는 "무서웠다"거나 "슬펐다"는 설명 대신, 차가운 쇳덩이와 비린 피 냄새라는 물리적 실체를 던져놓습니다. 이렇듯 단호한 서술은 독자가 딴생각할 틈을 주지 않고 서사의 핵심으로 끌고 들어가는 힘을 발휘합니다.

다음은 연인과 헤어진 슬픔을 묘사한 문장입니다. 이를 김훈 작가의 단호한 서술 방식으로 수정해 볼까요?

수정 전

"그는 헤어진 연인을 떠올리며 가슴 한구석이 미어지는 듯한 말할 수 없는 슬픔을 느꼈고, 주체할 수 없이 흐르는 눈물을 닦으며 차가워진 방 안을 정처 없이 서성였다."

수정 후

"그는 헤어진 여자를 생각했다. 가슴 뼈 안쪽이 저릿했다. 눈물이 멈추지 않았다. 그는 젖은 얼굴을 닦았다. 방 안의 공기는 차가웠고, 그는 그 냉기 속을 오래도록 걸었다."

슬픔이라는 단어를 직접적으로 표현하는 대신 한 글자도 나오지 않았지만 '저릿했다' 혹은 '닦았다'와 같은 물리적 현상으로 감정을 객관화하고, 상황을 냉정하게 관찰하게 했습니다. 또한 방 안이 차가워진 상태와 그 안을 걷는 행위 자체에 집중한 신체적 고립을 보여주는 방식으로 단호한 서술의 문장을 만들었습니다. 김훈이 칼날 같은 문장으로 전장의 비장미를 구축했듯, 일상의 사소한 사물들을 단호하게 배치하는 것만으로도 슬픔의 깊이는 충분히 전달됩니다.

이처럼 단호한 서술형의 문장을 만드는 비결은 관찰의 레이더를 오감으로 확장하는 데 있습니다. 독자의 머릿속에 고화질 영상을 재생시키려면 시각에만 의존해서는 부족합니다. 낡은 종이의 바스락거리는 촉각, 골목 끝에서 풍겨오는 청국장 냄새, 혹은 누군가의 거친 숨소리를 문장에 심어야 합니다. 오감 묘사 능력을 키우기 위해 제가 권하는 훈련법은 전작인 《글쓰기가 만만해지는 하루 10분 메모 글쓰기》에서 강조한 감각 기록입니다. 거창한 서사를 쓰려 하지 말고, 오늘 마신 차의 온도나 퇴근길 지하철 손잡이의 서늘한 감촉 등 매일 다섯 가지(시각, 청각, 후각, 미각, 촉각) 감각 기관을 통해 얻은 것들을 딱 세 문장으로 기록해 보는 연습입니다. 이 사소한 감각의 데이터들이 쌓여 글의 리얼리티를 지탱하는 닻이 됩니다.

지루한 설명을 감각적인 장면으로 치환할 때 알아두면 좋은 것들을 예시로 설명하겠습니다.

1. 형용사를 '동적 움직임'으로 바꾸기

추상적인 형용사보다는 구체적인 동사를 써보세요.

- **설명**: "사무실 분위기가 험악했다."
- **장면**: "부장이 서류 뭉치를 책상에 내던지자, 그 충격으로 스테이플러 심 하나가 허공으로 튕겨 나갔다. 직원들은 일제히 모니터 뒤로 고개를 숙였다."

'험악하다'는 정보일 뿐이지만, 튕겨 나가는 스테이플러 심과 움츠러드는 직원의 동작은 긴박한 현장을 완성합니다. 작가가 감정을 정의하지 않아도 독자는 동사의 궤적을 쫓으며 현장의 온도를 체감합니다.

2. 추상적인 감정을 '신체 반응'으로 바꾸기

인물의 내면을 직접 설명하기보다, 그 감정이 육체를 통해 어떻게 밖으로 새어 나오는지 표현해 보세요.

- **설명**: "준호는 면접장에 들어서자 너무 긴장해서 아무 말도 할 수 없었다."
- **장면**: "면접실 문을 열자마자 준호의 목구멍이 바짝 말라붙었다.

혀끝은 입천장에 달라붙어 떨어지지 않았고, 손바닥에 고인 땀 때문에 서류 봉투가 눅눅하게 젖어 들었다."

'긴장'이라는 단어는 뇌에 잔상을 남기지 않지만, '말라붙은 혀'와 '젖은 서류'는 독자의 촉각을 자극합니다. 신체 반응은 감정을 증명하는 가장 확실한 물증이며, 독자가 인물에게 깊이 동화되도록 돕습니다.

3. 정적인 상태를 '사물의 상호작용'으로 바꾸기

공간의 분위기를 설명하는 대신, 그 공간을 채우고 있는 사물들이 서로 어떤 상태로 놓여 있는지 표현해 보세요.

- **설명**: "독신자 아파트의 거실은 오랫동안 청소를 하지 않아 엉망진창이었다."
- **장면**: "거실 한복판에는 어제 먹다 남은 컵라면 용기가 일주일 전의 신문 뭉치를 짓누르고 있었다. 그 사이로 먼지가 뽀얗게 내려앉은 빈 맥주캔들이 도미노처럼 쓰러져 있었다."

'엉망진창'이라는 판단은 작가의 몫이지만, '라면 용기에 눌린 신문'은 독자가 목격하는 사실입니다. 사물들이 서로 엉켜 있는 꼴을 정밀하게 묘사하는 것만으로도 공간의 서사는 자연스럽게 형성됩니다.

장면 치환의 핵심은 독자에게 설명하는 것이 아니라 글을 통해 독자 스스로 생각하게 만드는 것입니다. 여러분도 인물의 떨리는 눈꺼풀이나 책상 위에 흩어진 소품들의 배치를 집요하게 쫓아보십시오. 작가가 서술은 단호하게, 묘사는 세밀하게 할수록 독자의 머릿속 그림은 더욱 선명하고 뜨거워질 것입니다.

독자와의 거리

: 대화체와 독백 사이의 미세 조정

글을 쓰는 행위는 독자와 마주 앉아 대화를 나누는 일과 같습니다. 이때 작가는 고민에 빠집니다. 너무 가깝게 다가가 속내를 낱낱이 털어놓자니 독자가 부담스러워할 것 같고, 반대로 너무 멀찍이 떨어져 사실만 나열하자니 글이 차갑고 딱딱하게 느껴질까 걱정되기 때문입니다. 작가와 독자 사이 소통의 핵심은 '거리감'에 있습니다. 정보 전달의 냉정함과 에세이적 따뜻함 사이에서 적절한 주파수를 맞추는 기술, 그것이 독자의 몰입을 결정짓는 열쇠입니다.

이 거리 조절의 미학을 잘 보여주는 고전적 사례가 미셸 드 몽테뉴의《수상록》입니다. 그는 첫 글인 서문에서부터《수상록》의 소재가 다른 어떤 거대한 목적이 아닌 '내 집안일이나 사사로운 일'을 다루고 있다고 밝혔습니다. 더불어 자신의 글을 '자연스럽고 평범'하며 '꾸밈없는, 별것 아닌' 자신으로 보아주기를 당부하며 독자들에게 바짝 다가갔습니다. 그는 완벽한 성인(聖人)의 모습이 아니라 자신의 결점과 사소한 습관, 심지어 신체적인 고통까지 담담하게 고백했습니다. 하지만 그의 글이 단순한 푸념에 그치지 않는 이유는 독백의 형식을 빌리면서도 끊임없이 독자의 사유를 건드리는 대화의 공간을 열어두기 때문입니다. 몽테뉴처럼 독자와의 거리를 좁히는 법을 익히면, 글은 단순한 정보의 나열을 넘어 작가와 독자가 체온을 나누는 공간이 됩니다.

반대로 독자와의 거리를 의도적으로 벌려 몰입을 끌어내는 경우도 있습니다. 알베르 카뮈의《이방인》이 대표적입니다. 주인공 뫼르소는 어머니의 죽음 앞에서도 이렇게 말합니다. "오늘 엄마가 죽었다. 아니, 어쩌면 어제. 모르겠다"(책세상, 7쪽)라며 지독할 정도로 냉정한 거리를 유지합니다. 이 건조한 문체는 독자에게 감정을 강요하지 않습니다. 오히려 그 차가운 거리감 때문에 독자는 인물의 내면을 더 집요하게 들여다

보게 되고, 그 비어 있는 공간을 자신의 감정으로 채우게 됩니다. 정보 전달이 주 목적인 글에서 이러한 '거리 두기'는 신뢰와 객관성을 담보하는 무기가 됩니다.

책 쓰기에서 독자와의 주파수를 맞추는 방법은 크게 두 가지로 나뉩니다.

첫째, 지식과 정보를 전달할 때는 '냉정한 관찰자'의 시선을 견지해야 합니다. 만약 건강에 관한 정보를 다루면서 "이 약은 정말 효과가 좋아서 제가 매일 눈물을 흘리며 먹고 있어요"라고 쓴다면 독자의 신뢰도는 장담하기 힘들 것입니다. 이때는 "임상 실험 결과 80% 이상의 환자가 호전 반응을 보였다"는 식의 통계를 통해 거리를 두어야 합니다. 차가운 사실은 글의 뼈대를 튼튼하게 만들고, 독자가 정보를 객관적으로 판단할 수 있는 숨구멍을 제공합니다.

둘째, 삶의 지혜나 경험을 나눌 때는 '따뜻한 동료'의 대화체를 사용해 보세요. 정보의 뼈대 위에 감정의 살을 붙이는 작업입니다. "실패는 성공의 어머니이다"라는 격언적 독백보다는, "그날 밤 저는 실패의 쓴맛에 소주 한 잔을 기울이며 일기장에 이렇게 적었습니다"라는 식의 고백적 대화가 독자의 마음을 더 깊게 파고듭니다. 독자는 작가의 완벽함이 아니라, 작가의 인간적인 흔들림에서 자신의 모습을 발견하고 비로소 몰입하기 시작합니다. 구체적인 예시로 독자와의 거리 조절의 차이를 자세히 살펴보겠습니다.

수정 전(지나치게 먼 거리)

"인간의 수면 부족은 뇌 기능 저하와 집중력 감퇴를 유발하며, 장기적으로는 심혈관 질환의 원인이 된다. 따라서 매일 7시간 이상의 수면을 확보하는 것이 권장된다."

이 문장은 정확하지만 차갑습니다. 독자는 고개를 끄덕이겠지만 가슴으로 느끼지는 못합니다. 여기에 에세이적 온도를 더해 주파수를 맞춰보겠습니다.

수정 후(적절한 거리)

"어떤 밤은 카페인조차 이기지 못할 만큼 무겁게 가라앉습니다. 뇌는 7시간의 휴식을 간절히 원하는데, 우리는 스마트폰의 파란 불빛 아래서 내일을 저당잡히곤 하죠. 장기적인 건강 수치를 논하기 전에, 오늘 밤 당신의 눈꺼풀이 내리는 휴식의 명령에 순종해 보는 건 어떨까요?"

후자의 문장은 '7시간 수면'이라는 데이터는 유지하면서도, '스마트폰의 파란 불빛'이나 '저당 잡힌 내일' 같은 구체적인 이미지를 통해 독자의 일상 속으로 성큼 걸어 들어갑니다. 작가의 독백이 독자의 귓가에 속삭이는 대화로 치환되는 순간입니다.

독자와의 거리 조절법의 핵심은 작가 자신이 어떤 위치에서 있느냐를 명확히 인지하는 것입니다. 정보를 줄 때는 독자의 뒤편에서 지도를 가리키는 가이드가 되고, 공감을 끌어낼 때는 독자의 옆자리에 나란히 앉아 찻잔을 기울이는 친구가 되어야 합니다. 주파수가 맞지 않아 치직거리는 라디오 소리 같은 글은 독자를 지치게 만듭니다. 몽테뉴의 친밀함과 카뮈의 냉정함 사이, 그 절묘한 경계선 위에서 당신만의 목소리를 찾아내시길 바랍니다. 그 거리가 적절할 때, 당신의 문장은 비로소 독자의 삶 속으로 침투할 자격을 얻게 될 것입니다.

데이터 활용

: 정보에 감정을 얹는 법

글의 신뢰도를 높이기 위해 우리는 종종 통계와 수치를 빌려옵니다. 하지만 숫자는 그 자체로 차갑고 딱딱한 성질을 지니고 있어, 자칫 잘못하면 원고를 메마른 논문이나 보고서처럼 보이게 만듭니다. 데이터라는 골조 위에 작가의 경험이라는 살을 붙이지 않으면, 독자는 수치에 압도당하기만 할 뿐 그 안에 담긴 진실에는 공감하지 못합니다. 차가운 정보를 뜨거운 사유로 바꾸는 연금술은 바로 데이터에 작가의 숨결을 불어넣는 작업에서 시작됩니다.

책 쓰기 수업에서 만난 M씨의 사례는 이 고민을 해결할 실마리를 제공합니다. 그는 약물 오남용의 위험성을 알리는 원고를 집필 중이었는데, 초고는 성실한 정보의 나열로 가득 했습니다. "우리나라 국민 3명 중 1명이 향정신성 의약품을 처방받은 경험이 있으며, 오남용으로 인한 사고율은 매년 15%씩 급증하고 있다"는 식의 문장이 지배적이었죠. 틀린 말은 하나도 없었지만, 독자의 입장에서는 뉴스 사회면의 단신을 읽는 것 이상의 감흥을 느끼기 어려웠습니다. 숫자는 머리에 남지만 마음에는 닿지 않았던 것입니다.

이런 데이터의 냉정함을 깨뜨리기 위해 저는 M씨에게 그 숫자가 그의 '어떤 하루'와 만나는지 보여달라고 요청했습니다. 숫자를 경험 속에 매몰시키는 것이 아니라, 경험을 통해 숫자에 표정을 입히는 연습이었습니다. 수정된 원고에서 M씨는 통계 수치 대신 자신의 약통을 열어 보였습니다.

"통계에 따르면 국민 3명 중 1명이 이 알약을 삼킵니다. 하지만 그 숫자 안에는 새벽 3시, 천장의 얼룩을 세다 결국 신경안정제 한 알을 털어 넣어야만 했던 나의 고독한 밤은 기록되어 있지 않습니다. 15%의 사고율이라는 데이터는 응급실 차가운 침대 위에서 마주했던 어머니의 창백한 얼굴 앞에서 아무런 위로가 되지 못했습니다."

어떤가요? 똑같은 정보지만, 작가의 구체적인 서사가 개입하는 순간 데이터는 힘을 얻습니다. '3명 중 1명'이라는 무미건조한 비율은 누군가의 불면의 밤을 상징하는 지표가 되고, '15%의 사고율'은 가족의 비극을 암시하는 구체적인 경고음으로 변모합니다. 데이터를 정보로만 두지 않고 작가의 삶이라는 필터를 통과시킬 때, 비로소 독자는 그 숫자가 남의 이야기가 아닌 '나의 이야기'가 될 수 있음을 직감합니다. 이러한 '데이터의 활용 사례'를 잘 보여준 작가가 바로 신경학자 올리버 색스(Oliver Sacks)입니다. 그의 저서《아내를 모자로 착각한 남자》는 뇌 기능 장애라는 지극히 의학적이고 건조할 수 있는 데이터를 다룹니다. 하지만 그는 환자를 단순히 '기능이 고장난 임상 사례'로 보지 않았습니다. 아내의 머리를 모자로 착각해 집어 들려는 남자의 행동을 수치화된 뇌 손상 지표로만 설명하는 대신, 그 결핍 속에서도 음악으로 세상을 재구성하며 존엄을 지키려는 인간의 투쟁을 그려냈습니다. 올리버 색스에게 데이터는 진단의 도구가 아니라, 한 사람의 삶을 들여다보는 창문이었습니다. 그는 차가운 의학적 사실에 문학적 감수성을 수혈하여, 독자들이 '질병'이 아닌 '사람'을 목격하게 만들었습니다.

물론 데이터를 활용하기에 앞서 선행되어야 할 작업이 있습니다. 바로 그 데이터의 '맥락'을 정확히 파악하는 일입니다. 앞서 책 쓰기 기획 단계에서 언급했듯, 수집한 자료가 아무리 화려해도 작가가 그 숫자의 의미를 오독(誤讀)하면 글은 신뢰를 잃습니다. 통계가 가리키는 방향에 어떤 시대적 균열이 숨어 있는지, 왜 이 숫자가 지금 우리에게 유효한지 작가만의 명확한 해석이 곁들여져야 합니다. 데이터의 무게를 제대로 알지 못한 채 나열하는 것은 독자의 지능을 무시하는 처사이며, 공들여 쌓은 논리를 한순간에 무너뜨리는 자폭 행위가 될 수 있음을 경계해야 합니다.

단락의 호흡

: 작가의 배려는 문단에서 드러난다

원고 전체의 논리가 완벽하고 문장이 유려해도, 막상 펼쳤을 때 숨이 턱 막히는 글이 있습니다. 페이지 전체가 빈틈없는 벽돌처럼 글자로 빽빽하게 채워진 경우입니다. 독자는 글을 읽기 전 시각적으로 먼저 글에 압도당하거나, 반대로 흥미를 잃고 눈을 돌려버립니다. 이때 작가에게 필요한 기술은 유능한 건축가처럼 '공간'을 설계하는 일입니다. 문단의 길이와 배치를 조절하여 독자가 지치지 않고 완주하게 만드는 시각적 리듬, 즉 독자가 숨 쉴 여백을 제공하는 일이 가독성의 핵심입니다.

단락을 나누는 것은 단순히 내용이 바뀌었음을 알리는 신호가 아닙니다. 그것은 독자에게 "잠시 숨을 고르고 방금 읽은 내용을 소화하십시오"라고 건네는 작가의 배려입니다. 호흡이 너무 길면 독자는 산소 부족에 시달리듯 집중력을 잃고, 너무 짧으면 글이 가볍고 산만해 보입니다. 이상적인 단락은 독자의 호흡 주기에 맞춰 긴장과 이완을 반복하는 리듬감을 갖춰야 합니다. 구체적인 가독성 차이를 예시를 통해 살펴보겠습니다. 먼저 호흡 조절에 실패한 '벽돌형' 문단입니다.

"그는 정말이지 너무나도 형용할 수 없을 만큼 깊고 거대한 슬픔의 늪에 빠져버린 채로 마치 세상이 무너져 내리는 듯한 착각 속에서 헤어진 연인의 잔상을 부여잡고 가슴 한구석이 미어지는 듯한 말할 수 없는 고통을 느끼며 주체할 수 없이 하염없이 흐르는 뜨거운 눈물을 손등으로 닦아내 보았지만 차가워진 방 안을 정처 없이 서성이는 그의 발걸음은 갈 곳을 잃은 채 방황하고 있었고 사실 사랑이라는 것은 원래 이렇게 아픈 것인가 하는 철학적인 질문을 스스로에게 던져보기도 했지만 답은 돌아오지 않았으며 창밖으로 보이는 도시의 불빛들은 왜 저렇게 무심하게 반짝이는지 도무지 이해할 수 없는 노릇이었고 어쩌면 우리는 처음부터 만나지 말았어야 했을지도 모른다는 뒤늦은 후회와 자책감이 밀려와 그의 영혼을 잠식해 들어가는 가운데 냉장고가 돌아가는 기계적인 소음만이 적막한 방안을 가득 채우고 있어서 그는 문득 외로움이라는 실체가 자신을 집어삼키려 한다는 공포감을 느꼈으며 내일이 오지 않았으면 좋겠다는 극단적인 생각마저 들 정도로 상태가 좋지 않았던 것인데 그럼에도 불구하고 배꼽시계는 정직하게 울려 퍼져서 인간의 생존 본능이라는 것이 얼마나 비참하고도 우스꽝스러운 것인지 다시 한번 뼈저리게 실감하며 라면 물을 올리는 자신의 모습에 자괴감을 느끼는 복잡미묘한 밤이었다."

이 글은 한 문장이 스무 줄 가까이 이어지고 쉼표도 없습니다. 독자의 호흡을 고려하지 않은 서술 방식인데요. 또한 한 문단 안에 이별의 슬픔, 도시의 무심함, 생존 본능의 비참함이라는 세 가지 메시지가 담겨 있고, 이를 연결하는 논리가 빈약하고 단순히 나열만으로 되어 있어 지루한 문단 구성을 보입니다. 문장이 끊임없이 이어지면 독자의 뇌는 쉴 틈을 찾지 못하고 정보 과부하 상태에 빠지게 됩니다. 특히 모바일 환경에서 글을 읽는 현대인들에게 이런 긴 단락은 치명적입니다. 한 화면 가득 글자만 보일 때 독자는 본능적으로 뒤로 가기 버튼을 누르고 싶어집니다. 따라서 적절한 시점에서 엔터키를 눌러 하얀 여백을 만들어주어야 합니다. 여백은 단순히 비어 있는 공간이 아니라 독자가 사고를 확장하는 영역이기 때문입니다. 같은 내용을 시각적 리듬과 여백을 고려해 설계해 보겠습니다.

수정 후(리듬감이 살아 있는 단락 설계)

"그는 형용할 수 없는 슬픔의 늪에 빠진 채 헤어진 연인의 잔상을 부여잡았다. 가슴 한구석이 미어지는 고통 속에서 하염없이 흐르는 눈물을 닦아보았지만, 차가워진 방안을 정처 없이 서성이는 발걸음은 갈 곳을 잃고 방황했다. 사랑이라는 것이 원래 이렇게 아픈 것인지 스스로에게 질문을 던져보아도 돌아오는 답은 없었다. 이별은 논리로 설명되지 않는 감정의 잠식이었다.

창밖으로 보이는 도시의 불빛들은 그의 고통과는 상관없이 무심하게 반짝이고 있었다. 처음부터 만나지 말았어야 했을지도 모른다는 뒤늦은 후회와 자책감이 밀려와 그의 영혼을 짓눌렀다. 냉장고가 돌아가는 기계적인 소음만이 적막한 방안을 가득 채우고 있었고, 그는 문득 외로움이라는 실체가 자신을 집어삼키려 한다는 공포를 느꼈다. 세상으로부터 철저히 고립되었다는 감각이 그를 지배했다.

내일이 오지 않았으면 좋겠다는 극단적인 생각마저 들 무렵, 배꼽

시계는 정직하게 울려 퍼졌다. 인간의 생존 본능이라는 것이 얼마나 비참하고도 우스꽝스러운 것인지 실감하는 순간이었다. 그는 자괴감을 느끼면서도 무의식적으로 라면 물을 올렸다. 거창한 슬픔도 결국 한 끼의 허기를 이기지 못한다는 사실이 그를 더욱 복잡미묘한 감정 속으로 몰아넣었다."

해결책은 단순합니다. 적절한 시점에서 엔터키를 눌러 하얀 여백을 만드는 것입니다. 여백은 비어 있는 공간이 아닙니다. 독자가 방금 읽은 문장을 자기 것으로 소화하며 사고를 확장하는 '호흡의 광장'입니다. 내용은 거의 같지만, 적절한 단락 나누기와 여백 삽입만으로 글에 생기가 돕니다. 짧은 단락은 속도감을 주고, 조금 긴 단락은 깊이 있는 사유를 유도합니다. 이 둘을 적절히 교차 배치하면 글 전체에 음악적인 리듬이 생겨납니다. 단락의 호흡을 설계할 때 기억해야 할 세 가지 원칙이 있습니다.

우선 '1문단 1메시지' 원칙입니다. 한 단락에서 한 가지 이야기만 다뤄보십시오. 욕심을 부려 여러 논리를 섞는 순간 단락은 비대해지고 논점은 흐려집니다.

다음으로는 시각적 가변성을 주어야 합니다. 비슷한 길이의 단락이 반복되면 독자는 단조로움을 느낍니다. 짧은 단락으로 시선을 끌고, 중간 단락으로 내용을 전개하며, 다시 짧은 단락으로 방점을 찍는 식의 변화가 필요합니다.

마지막으로 여백의 힘을 믿으세요. 종이 위나 화면 위의 하얀 공간은 작가의 게으름이 아니라 의도된 장치입니다. 독자가 잠시 눈을 쉬게 하고, 다음 문장으로 넘어갈 에너지를 충전하게 만드는 전략적 배치입니다.

문단을 나누는 지점이 글의 인상을 결정한다면, 그 단락을 어떻게 닫고 여느냐는 글의 추진력을 결정합니다. 많은 이들이 내용이 바뀌어야만 줄을 바꾼다고 생각하지만, 때로는 강조를 위해, 혹은 독자의 시선을 멈추게 하기 위해 의도적으로 단락을 쪼개야 할 때가 있습니다. 이것은 문장의 '시각적 번역' 과정입니다. 효과적인 문단 설계를 위한 몇 가지 요령을 더해봅니다.

첫째, 첫 문장과 마지막 문장에 무게를 실으십시오. 단락의 첫 문장은 독자를 그 공간으로 초대하는 문이고, 마지막 문장은 다음 공간으로 넘어가기 전 머무는 쉼터입니다. 첫 문장에서 핵심적인 이미지를 던지고, 마지막 문장에서 여운을 남기며 단락을 닫을 때 독자는 자연스럽게 다음 리듬을 타게 됩니다. 단락의 허리 부분이 조금 길어지더라도 시작과 끝이 선명하면 글의 흐름은 흐트러지지 않습니다.

둘째, 나열보다는 계층을 만드십시오. 정보를 병렬적으로 늘어놓는 것은 독자에게 "이걸 다 알아서 정리해"라고 숙제를 내주는 것과 같습니다. 핵심이 되는 문장을 단독 단락으로 배치하고, 그를 뒷받침하는 세부 내용을 다음 단락으로 구성해 보십시오. 시각적인 높낮이가 생기면 독자는 작가가 의도한 정보의 우선순위를 직관적으로 파악하게 됩니다.

셋째, 호흡의 완급 조절을 위해 '단문 단락'을 전략적으로 활용하십시오. 긴 설명 뒤에 오는 아주 짧은 한 문장의 단락은 마치 음악의 쉼표나 느낌표 같은 역할을 합니다.

"치열한 논쟁과 복잡한 수치들이 페이지를 가득 채웠다. 논리는 톱니바퀴처럼 맞물려 돌아갔고, 빈틈없는 문장들이 독자를 압박해 들어왔다. 하지만 결론은 간단했다."

예시처럼 앞선 긴 호흡을 끊어주는 짧은 단락은 독자에게 강렬한 인상을 남깁니다. 긴 단락이 사유의 깊이를 보여준다면, 짧은 단락은 결단과 강조의 힘을 보여줍니다. 이 둘을 적절히 교차시키는 것만으로도 글은 지루할 틈 없는 역동성을 얻게 됩니다.

잘 읽히는 글은 독자의 눈과 마음이 편안한 글입니다. 작가가 원고를 마친 후 먼저 해야 할 일은 자신의 글을 한 발짝 떨어져 '그림'으로 감상하는 것입니다. 글자가 너무 빽빽해 숨이 막히지는 않는지, 혹은 너무 파편화되어 무게감이 떨어지지는 않는지 확인해 보십시오. 단락의 호흡이 가지런해질 때, 여러분의 원고는 비로소 독자의 심장 박동과 주파수를 맞추게 될 것입니다.

유머와 위트

: 책을 끝까지 읽게 만드는 숨구멍

글쓰기 수업을 진행하며 자주 접하는 질문 중 하나는 "어떻게 하면 글을 조금 더 재미있게 쓸 수 있을까요?"입니다. 지루한 설명 대신 장면을 그리고, 접속사를 쳐내며 문장의 리듬을 잡았다 해도 여전히 글이 딱딱하게 느껴질 때가 있죠. 이때 필요한 것이 바로 유머와 위트입니다. 하지만 유머는 초보 작가들이 무척 선망하면서도 동시에 두려워하는 영역입니다. 잘못던진 농담이 글의 품격을 떨어뜨릴까 봐, 혹은 나만 즐거운 실없는 소리가 될까 봐, 선뜻 시도하지 못하는 경우가 많습니다.

실제로 유머는 고도의 지적 활동입니다. 진지한 주제일수록 그 무게에 짓눌리지 않으려면 한 발짝 떨어져서 상황을 비틀어 볼 줄 알아야 합니다. 유머는 독자를 웃기는 것만을 목적으로 하지 않습니다. 오히려 팽팽하게 당겨진 논리의 긴장감을 잠시 늦추어, 독자가 진심을 받아들일 수 있는 마음의 공간, 즉 '환기창'을 내는 작업에 가깝습니다.

왜 우리는 유머러스한 글에 유독 열광하고 깊이 공감할까요? 위트는 작가와 독자 사이의 심리적 벽을 허무는 탁월한 도구이기 때문입니다. 완벽하고 빈틈없는 논리는 독자를 감탄하게 할 수는 있지만, 마음을 열게 하기는 어렵습니다. 반면, 작가가 자신의 실수를 유머로 승화시키는 순간 독자는 경계심을 내려놓습니다. "이 작가도 나처럼 서툴고 인간적이구나"라는 동질감이 형성되는 것이죠.

위트 있는 글이 공감을 받는 또 다른 이유는 삶의 비극을 견딜 만한 크기로 줄여주기 때문입니다. 고통스러운 현실을 정면으로만 응시하면 숨이 막히지만, 그것을 한 번 비틀어 웃음으로 치환하면 비로소 객관적으로 바라볼 여유가 생깁니다. 독자는 작가의 위트 속에서 자신의 상처를 어루만질 힘을 얻고, 무거운 삶의 무게를 잠시 잊은 채 문장 사이를 유영하게 됩니다.

위트 있는 글을 쓰는 방법은 완벽함을 포기하는 것입니다. 많은 작가 지망생이 '모든 것을 아는 현자'의 위치에 서려 하지만, 독자는 오히려 작가의 당혹스러운 경험담에서 더 큰 매력을 느낍니다. 정보를 전달하는 차가운 손보다는, 실수로 커피를 쏟고 당황하는 손에 더 정이 가는 법이죠.

예를 들어 직장 내 상사와의 갈등을 주제로 하는 책의 원고를 썼다고 가정해 보겠습니다.

"부장은 늘 독단적으로 의사결정을 내렸고, 팀원들의 사기를 저하시켰다. 그와 함께 한 사무실에 있다는 것만으로 하루 8시간의 근무시간은 마치 80시간처럼 느껴졌다."

물론 이 주제로 한두 편 글을 읽을 때는 분노가 치밀기도 하고, 비슷한 상황에 있는 직장인이라면 자신의 상사를 떠올리며 공감을 표하기도 할 것입니다. 하지만 문제는 '책'의 원고라는 사실에 집중해보면 이야기를 달라집니다. 이런 주제와 서술 방식으로 약 40여 편의 글이 이어진다면 갈등은 선명하지만 글에 대한 매력은 어떨지 생각해볼 여지가 있습니다. 이런 경우 분노의 칼을 잠시 내려놓고, 이 상황을 한 편 정도는 '위트'로 표현해보는 것을 어떨까요?

수정 후(위트가 섞인 비틀기)

"우리 부장님은 탁월한 '마이너스의 손'입니다. 그가 입을 열 때마다 멀쩡했던 보고서는 순식간에 파쇄기용 종이 뭉치로 변하고, 나의 평온했던 오전은 아비규환의 전쟁터로 뒤바뀌니까요. 오늘도 가슴속에 사표를 품고 출근했지만, 점심시간 맛집 지도 앞에서 그 사표를 잠시 접어둔 건 상사에 대한 인내심 때문이 아니라 오직 차돌 짬뽕의 국물 때문이었습니다."

분노를 '맛집 지도'나 '차돌 짬뽕'이라는 사소한 일상과 대비시키는 순간, 글에는 입체감이 생깁니다. 상사의 부당함을 비난하기만 할 때보다, 그 지옥 같은 상황에서도 짬뽕 국물에 흔들리는 자신의 나약함을 위트 있게 드러낼 때 독자는 더 강력한 공감과 위로를 얻습니다.

유머는 무거운 진실을 매끄럽게 밀어 넣는 당분입니다. 갈등이나 실패 같은 주제를 다룰 때 위트는 독자가 그 감정에 매몰되지 않도록 지탱해 줍니다. 유머를 구사할 때 기억해야 할 지점은 화살의 방향입니다. 타인을 냉소적으로 비하하는 것이 아니라, 상황의 아이러니나 자신의 서툰 대처를 향해 화살을 돌리는 것이 기술입니다. 위트는 상대를 베는 날카로운 칼날이 아니라, 팽팽한 풍선을 살짝 찌르는 바늘 같아야 합니다.

글쓰기가 고통스러운 수행이 될 필요는 없습니다. 글 속에 환기창 하나 뚫려 있지 않다면 독자는 그 문장들 사이에서 답답함을 느낄지 모릅니다. 짐짓 엄숙한 표정을 짓기보다 가끔은 독자에게 가벼운 농담을 건네 보길 바랍니다. 자신의 허물을 가볍게 건드리거나 분노가 치미는 상황을 일상적인 소재로 가볍게 바꿔보세요. 그럴 때 글은 비로소 살아 있는 생명체처럼 생동감을 얻게 됩니다.

인용의 기술

: 센스와 예의를 동시에 지키는 법

홀로 서 있는 문장은 때로 위태롭습니다. 주장이 독자에게 충분한 신뢰를 주지 못하거나 사유의 깊이가 부족하다고 느껴질 때, 앞서 길을 간 선구자들의 지혜를 빌려오게 됩니다. 적절한 인용은 글의 논리적 뼈대를 단단하게 세우고, 개인의 경험을 보편적인 철학의 영역으로 확장하는 징검다리가 됩니다. 타인의 문장을 가져와 내 글의 뿌리로 삼는 일은 단순히 글자를 옮겨 적는 행위가 아니라, 시공간을 초월한 대화에 참여하는 과정입니다.

인용은 작가의 목소리와 타인의 목소리가 조화롭게 어우러질 때 빛을 발합니다. 무분별한 나열은 글의 정체성을 흐리지만, 적재적소에 배치된 문장은 지적인 권위를 부여합니다. 인문 에세이《불안 대신 인문학을 선택했습니다》는 이러한 인용의 묘미를 보여주는 책입니다. 일상에서 마주하는 막막한 불안을 서술하며 동서양 성현들의 문장을 슬며시 곁들입니다. 이 책은 작가 자신의 흔들리는 마음을 먼저 고백한 뒤, 그 마음을 지탱해 줄 지지대로써 인문학적 통찰을 끌어들여 문장과 문장을 유기적으로 결합합니다. 타인의 지혜가 작가의 삶을 통과해 새로운 맥락으로 재탄생하는 지점을 표현했습니다.

· 문장 부호의 정석: 인용의 격식 갖추기 ·

타인의 글을 빌려올 때는 약속된 부호를 사용해 경계를 분명히 해야 합니다. 이는 독자에 대한 배려이자 원작자에 대한 최소한의 예의입니다.

1. 큰따옴표(" ")와 직접 인용

원문의 문장을 그대로 옮겨올 때 사용합니다. 작가의 생각과 타인의 말을 엄격히 분리하는 역할을 합니다.

· **예시** : 《불안 대신 인문학을 선택했습니다》에서 "인문학은 정답을 알려주는 학문이 아니라, 나만의 질문을 갖게 하는 학문이다"라고 강조한다.

2. 작은따옴표(' ')와 재인용 혹은 강조

인용구 안에 또 다른 인용이 들어 있거나, 작가가 대화 내용을 재구성할 때, 혹은 마음속으로 갈등하는 대목을 인용할 때 활용합니다.

· **예시** : 작가는 책에서 "마음속으로 '과연 내가 잘하고 있는 걸까'라는 의구심이 들 때마다 고전을 펼쳤다"고 회상한다.

3. 낫표(「 」)와 겹낫표(『 』), 혹은 꺾쇠(〈 〉,《 》)

주로 책의 제목이나 작품명을 표기할 때 씁니다. 한국어 어문 규범에 따르면 단행본 제목에는 겹낫표(『 』)나 겹꺾쇠(《 》)를, 단편 소설이나 논문, 시의 제목에는 낫표(「 」)나 홑꺾쇠(〈 〉)를 사용하는 것이 원칙입니다.

좋은 문장을 발견했다면 그에 합당한 예우를 갖춰야 합니다. 출처가 불분명한 인용은 글의 신뢰도를 떨어뜨릴 뿐만 아니라 윤리적 문제를 야기할 수 있습니다. 인용한 문장에 대해서는 상세한 서지 정보를 기록합니다. 인용한 문장 뒤에 괄호를 열어 정보를 적거나, 페이지 하단에 각주를 답니다. 순서는 작가명, 도서명, 출판사, 발행 연도, 페이지 순으로 기재하는 것이 정석입니다.

표기 예시: 이윤영, 《불안 대신 인문학을 선택했습니다》, 나무의 철학, 2023, 112쪽

더불어 인용 전 교차 검증(Cross-Check)을 해야 합니다. 인터넷 블로그나 명언 앱에 떠도는 문구는 와전된 경우가 허다합니다. 원작자가 하지 않은 말이 교묘하게 섞이기도 합니다. 이를 방지하기 위해 다음 단계를 거쳐야 합니다.

1단계. 원전 대조
가능하다면 실제 종이책의 해당 페이지를 직접 확인합니다. 원문의 문장 부호 하나까지 정확하게 옮겼는지 살핍니다.

2단계. 맥락 파악
문장 하나만 떼어냈을 때 원작자의 의도가 왜곡되지 않는

지 앞뒤 문단을 정독합니다.

3단계. 검색 교차 검증

국립중앙도서관 데이터베이스나 신뢰도 높은 학술 포털에서 해당 구절을 검색해 실제 인용된 전례가 있는지, 작가 정보가 일치하는지 대조합니다.

인용구가 내 문장 사이에서 겉돌지 않게 하려면 앞뒤 문맥의 흐름을 세심하게 살펴야 합니다. 인용을 위한 인용은 피해야 하며, 주장을 뒷받침하거나 반전의 계기를 마련하는 용도로 쓰여야 합니다. 글의 서두에서 인용을 통해 호기심을 자극하거나, 결론 부분에서 성현의 문장을 빌려 깊은 여운을 남기는 방식은 효과적입니다. 하지만 타인의 문장은 내 글을 빛내주는 조연입니다. 조연이 지나치게 강조되어 주연인 작가의 목소리를 압도하지 않도록 적절한 거리를 유지해야 합니다. 지식의 바다에서 건져 올린 귀한 문장들이 내 원고 속에서 단단히 뿌리 내리도록 해야 합니다. 이것이 내 글과 타인의 글에 대한 정중한 예의가 됩니다. 내 글 역시 누군가에게는 타인의 글이니까요.

마감과 객관화

: 끝내는 사람이 결국 출간한다

책 한 권을 완성하는 과정은 화려한 영감의 기록이라기보다, 지루하고 치열한 '엉덩이의 싸움'입니다. 많은 이들이 첫 문장부터 완벽을 기하려다 결국 한 챕터도 끝내지 못한 채 펜을 놓습니다. 여덟 권의 책을 세상에 내놓으며 뼈저리게 얻은 교훈은 '초고는 원래 쓰레기'라는 사실을 겸허히 받아들이는 용기였습니다. 완벽주의라는 덫에서 빠져나와 마지막 마침표를 찍게 만드는 구체적인 저만의 방법을 공유합니다.

마감을 지키지 못하는 이유는 의지 부족이 아니라 설계의 부실함에 있는 경우가 많습니다. 여덟 권의 원고를 작업하며 깨달은 핵심은 앞서 집필 시작 전 책 기획 및 설계 단계에서 했던 '집필 계획서'를 작성하는 데 전체 에너지의 40% 이상을 쏟아야 한다는 것입니다. 집필 계획서는 단순히 목차를 나열한 리스트가 아니라, 원고의 뼈대이자 상세한 지도입니다. 각 챕터가 담아야 할 핵심 메시지, 활용할 데이터, 인용할 문장뿐만 아니라 원고 작성 시 주의할 점, 자신만의 자주 하는 실수 등을 미리 꼼꼼하게 배치해 두어야 합니다. 지도가 정교할수록 집필 과정에서 길을 잃고 헤매는 시간이 줄어듭니다. 빈 화면 앞에서 무엇을 쓸지 고민하는 에너지를 기획 단계에서 미리 소화해두는 것이 마감을 앞당기는 힘입니다. 단기간에 체득한 노하우는 자신을 철저히 객관화하는 것입니다. 의욕만 앞선 무리한 계획은 좌절감만 안겨줄 뿐입니다.

1. 집필 속도와 일상의 정밀한 체크

막연하게 '오늘 한 꼭지 쓰기'라고 정하기보다, 본인의 평균적인 집필 속도와 더불어 글쓰기 외의 일상 스케줄을 꼼꼼히 체크해야 합니다. 아이의 등하원 시간, 직장 업무의 강도, 가사 노동에 소요되는 시간 등 일상의 변수를 고려하지 않은 계획은 실패합니다. 내가 온전히 집중할 수 있는 골든타임이 언제인지, 하루 중 에너지가 고갈되는 시점은 언제인지 파악하여 그 틈새에 현실적인 집필 분량을 배치하십시오.

2. 매일 써야 할 분량의 수치화

본인의 일상을 반영해 하루치 분량을 명확히 정합니다. 예를 들어 A4 용지 1.5매를 쓴다고 가정할 때, 이를 오전과 오후로 나누어 0.7매씩 채우는 식으로 잘게 쪼개는 것입니다. 매일 달성 가능한 구체적인 분량을 체크하며 나아갈 때 원고는 비로소 끝이 보입니다.

3. 한 꼭지 소요 시간의 데이터화

한 꼭지를 쓰는 데 필요한 시간을 정확히 파악해야 합니다. 집중력이 좋은 시간에 2시간이 걸리는지, 4시간이 필요한지 냉정하게 측정하여 그 시간을 집필 루틴에 배치합니다.

4. 챕터별 정복과 몰입

원고 전체를 하나의 거대한 덩어리로 보지 말고 챕터별로 나누어 계획을 세웁니다. 특히 한 챕터 분량은 가급적 일정 기간 내에 몰아서 작업하는 것이 효율적입니다. 여러 챕터를 오가며 원고를 집필하다 보면 챕터별로 짜놓은 계획이 흔들리는 경우가 발생합니다.

초고는 정교한 조각품이 아니라 찰흙 덩어리를 쌓아 올리는 과정입니다. 초고 단계에서는 문장의 미학이나 논리의 완결성에 집착하지 말고 무조건 끝까지 밀어붙이는 속도가 중요합니다. "이 문장이 괜찮은가?"라는 의심이 들 때마다 그 생각을 뒤로한 채 다음 문장으로 넘어가야 합니다. 어차피 원고는 퇴고 과정에서 다시 태어납니다. 부족한 초고라도 일단 존재해야 다듬을 수 있는 기회가 생깁니다. 존재하지 않는 완벽한 원고보다, 눈앞에 있는 거친 초고가 훨씬 더 가치 있음을 여덟 번의 마감을 통해 확인했습니다.

또한 마감을 지키기 위해서는 의지에 기대지 않고도 글을 쓸 수 있는 환경을 구축해야 합니다. 무리한 계획 대신 자신이 확실히 지킬 수 있는 최소한의 분량을 정하십시오. 매일의 분량 체크 리스트를 만들고, 정해진 시간에 책상에 앉는 습관이 쌓여 한 권의 책이 됩니다.

마감은 작가를 압박하는 족쇄가 아니라, 원고를 세상 밖으로 밀어내는 동력입니다. 정교한 계획서와 챕터별 몰입, 그리고 초고의 속도감을 무기 삼아 완벽주의라는 덫을 넘어서길 바랍니다. 마지막 페이지에 마침표를 찍는 그 순간, '책을 쓰

고 싶어 하는 사람'에서 '책을 쓴 사람'으로 거듭나는 경험을
하게 될 것입니다.

수정과 퇴고

: 글쓰기와 책 쓰기를 가르는 한끗

집필 계획서대로 술술 잘 읽히는 원고를 써야 하지만, 그렇게 되기 위해서는 수정과 퇴고의 원칙들이 필요합니다. 잘 읽히는 글의 조건은 단순히 유려한 문장에 있는 것이 아니라, 전체적인 흐름과 메시지의 선명함에 있기 때문입니다. 특히 강조하고 싶은 점은 책 원고는 일반적인 한 편의 글쓰기와는 차원이 다르다는 사실입니다. 블로그 포스팅이나 짧은 칼럼은 해당 주제에 맞춰 정해진 분량을 채우는 것으로 충분하지만, 책은 수십 개의 꼭지가 모여 하나의 유기적인 체계를 이루기 때문입니다. 따라서 퇴고 시 먼저 점검해야 할 것은 전체 컨셉과의 조화입니다. 한 편의 글은 그 자체로 완결성을 가지면 충분해도, 책 원고는 전체 기획 의도라는 큰 지붕 아래에 있어야 합니다. 예를 들어 퇴사나 이직을 고려하는 직장인을 위한 책이라면 갑자기 튀어나오는 재테크 성공 비결 같은 이야기는 아무리 유익해도 전체 흐름을 해치는 독이 되기에 과감히 삭제해야 합니다.

꼭지별 핵심 메시지가 선명한지도 확인해야 합니다. 각 꼭지를 읽으며 하고 싶은 말이 한 문장으로 정의되는지 스스로 질문해 보길 바랍니다. 다루고 싶은 메시지는 항상 최소 한 문장에서 최대 세 문장으로 정리해두고 원고에 잘 드러났는지 확인해야 독자가 결론을 혼란스러워하지 않습니다. 글쓰기 환경의 본질이 장비가 아닌 습관에 있다는 메시지를 전하려다 어느새 자주 가는 카페 인테리어나 최근에 산 노트북 휴대성을 자랑하고 있다면, 장비에 대한 집착을 버리고 어떤 상황에서도 글을 쓰게 만드는 나만의 루틴에 집중하여 문장을 재구성해야 합니다. 또한 꼭지 간 내용이 중첩되지 않도록 주의해야 합니다. 일반 글은 한 편으로 끝내면 그만이지만, 책은 앞 꼭지에서 다룬 내용이 뒤에서 또 나오면 독자는 지루함을 느끼고 책장을 멈추게 됩니다. 집필 계획서를 대조하며 1장에서 기록의 정신을 다뤘다면 3장에서는 기록을 실천하는 구체적인 도구나 방법론으로 관점을 완전히 달리하여 중복을 피하는 식으로 영역을 명확히 나누어야 합니다.

글의 신뢰도를 높이기 위해 사례와 데이터의 유통기한도 점검해야 합니다. 최신 통계를 활용했는지 확인하고, 출처가 불분명하거나 낡은 데이터는 삭제하거나 업데이트해야 합니다. 요즘 사람들은 책을 읽지 않는 것 같다는 식의 막연한 관찰보다는 "문화체육관광부의 〈2023년 국민 독서 실태 조사〉에 따르면 성인 독서율이 43%로 역대 최저치를 기록했다는 사실은 우리가 직면한 서늘한 현실입니다"와 같이 공신력 있는 최신 데이터를 배치하는 것이 독자를 설득하는 데 훨씬 효과적입니다.

마지막으로 독자와의 '밀당 거리'를 점검해야 합니다. 설정한 독자가 이해할 수 있는 수준인지 살피고 전문 용어 남발로 독자를 소외시키지 않았는지 확인해야 합니다. 책은 작가의 일기장이 아닌 독자의 안내서가 되어야 합니다. 초보 작가에게 문장의 대칭 구조를 설명할 때 초보 작가들은 문장의 데칼코마니적 구조와 메타포의 변주에 유의하며 텍스트의 층위를 쌓아 올려야 한다는 식의 전문 용어를 쓰기보다, 마치 거울을 보듯 문장의 앞뒤 대칭을 맞추고 비유를 통해 글에 깊이를 더해 보라는 친절한 언어로 치환하여 독자와의 거리를 좁혀야 합니다.

거시적 퇴고를 통해 원고의 전체적인 뼈대를 잡았다면, 이제는 개별 문장의 정확성과 전달력을 점검할 차례입니다. 미시적 퇴고는 독자가 글을 읽는 속도를 늦추지 않도록 문장의 장애물을 제거하는 과정입니다. 초고를 작성하며 무의식적으로 사용했던 습관적인 표현들을 찾아내고, 의미 전달에 꼭 필요한 단어들만 남기는 작업을 시작합니다. 잘 읽히는 문장은 논리가 명확하고 경제적인 문장입니다.

먼저 '매우, 너무, 정말, 무척'과 같은 부사는 주관적인 느낌을 강조할 뿐 객관적인 정보를 제공하지 못하므로 삭제하는 것이 좋습니다. 부사 사용을 자제하는 대신 상황을 구체적인 명사와 동사로 설명하면 문장의 힘이 살아납니다. 예를 들어 "그는 매우 화가 나서 정말 무섭게 소리를 질렀다"는 문장은 "그는 책상을 내리치며 목에 핏대를 세우고 소리를 질렀다"로 수정할 수 있습니다. 막연한 강조보다 구체적인 묘사가 독자에게 더 명확한 정보를 전달하기 때문입니다.

불필요한 명사형 종결어와 의존 명사를 지우는 것도 중요합니다. '~의, ~적, ~것, ~등'과 같은 표현을 남발하면 문장이 불필요하게 길어지고 주술 관계가 흐려집니다. "작가의 생각의 표현의 방식인 것이다"라는 문장을 "작가는 생각을 이렇게 표현한다"로 고치면 문장의 호흡이 짧아지고 주어와 서술어의 연결이 단단해집니다. 또한 '~되어진다, ~하게 된다, ~해진다'와 같은 피동 표현은 주체의 행동을 불분명하게 만드므로 능동 표현으로 수정해야 합니다. "이 책을 통해 많은 것이 느껴지게 될 것이다"보다 "독자는 이 책을 통해 많은 것을 느낀다"가 훨씬 단정하며 작가의 의도를 독자에게 직접적으로 전달합니다.

중복된 의미와 단어를 솎아내는 작업도 필수입니다. 같은 문단 내에서 동일한 단어를 반복하거나 의미가 겹치는 표현을 사용하면 글이 단조로워집니다. "나는 오늘 아침에 일찍 일어나서 아침밥을 먹으며 아침 햇살을 보았다"는 문장에서 중복을 제거하여 "일찍 일어난 아침, 식탁에 앉아 창가로 들어오는 햇살을 보았다"로 수정하면 간결함을 확보할 수 있습니다.

마지막으로 문장을 적절히 분리하고 마침표를 활용해야 합니다. 하나의 문장에 여러 개의 접속사를 사용하여 길게 늘어뜨리면 주어와 서술어가 멀어져 비문이 생기기 쉽습니다. "날씨가 좋아서 산책을 나갔는데 공원에 사람이 너무 많아서 다시 집으로 돌아와서 책을 읽기로 했다"는 문장을 "날씨가 좋아 산책을 나갔다. 하지만 공원에 인파가 가득했다. 발길을 돌려 집에서 책을 읽기로 했다"와 같이 나누면 독자가 정보를 받아들이는 단위가 명확해져 오독의 가능성이 줄어듭니다. 작가가 직접 쓴 문장을 소리 내어 읽었을 때 호흡이 매끄럽지 않다면 그 부분은 수정이 필요한 지점입니다. 끝까지 객관적인 시각을 유지하며 마지막 마침표를 찍을 때까지 집중력을 유지해야 합니다. 고된 수정 과정을 거친 원고만이 독자에게 신뢰받는 책이 될 수 있습니다.

✔ 팔리는 글을 위한 집필 디테일 체크리스트

좋은 책이자 팔리는 책이 되기 위해서는 무엇보다 좋은 원고가 있어야 합니다. 좋은 원고를 쓰기 위한 집필 과정에서 스스로 점검해봐야 할 핵심 사항들을 정리했습니다. 각 단계에서 스스로에게 질문을 던지며 현재 나의 준비 상태를 확인해 보세요. 각 꼭지별로 나의 내면과 전략을 점검해보는 질문들입니다.

POINT 1   첫 문장의 공포: 안 써지는 이유부터 해결하자

☐ 서론을 길게 늘어놓으며 독자의 허락을 구하기보다, 사건의 핵심을 먼저 선언하며 시작했는가?

☐ 거창한 문학적 야심을 버리고, 일상의 구체성이나 사소한 파편에서 시작점을 찾았는가?

☐ 첫 문장을 완벽하게 쓰려는 강박에서 벗어나, 다음 문장으로 가기 위한 징검다리로 대하고 있는가?

POINT 2   말해주기와 보여주기: 서술은 단호하게, 묘사는 세밀하게

☐ 추상적인 감정의 이름을 붙이는 대신, 그 감정이 발생한 현장을 오감으로 재구성했는가?

☐ 사실을 사실로써 오롯이 존재하게 만드는 단호한 마침표와 서술을 사용했는가?

☐ 인물의 내면을 직접 설명하기보다, 신체 반응이나 사물의 상태를 통해 간접적으로 증명했는가?

독자와의 거리: 대화체와 독백 사이의 미세 조정

☐ 정보의 성격에 따라 '냉정한 관찰자'와 '따뜻한 동료' 사이에서 적절한 위치를 선정했는가?

☐ 작가의 완벽함이 아닌 인간적인 흔들림을 드러내어 독자와의 심리적 거리감을 좁혔는가?

☐ 독자에게 감정을 강요하지 않고, 비어 있는 공간을 독자의 감정으로 채울 수 있도록 거리 두기를 실천했는가?

POINT 4 **데이터 활용: 정보에 감정을 얹는 법**

☐ 통계와 수치를 단순 나열하는 데 그치지 않고, 작가의 구체적인 경험을 통해 수치에 표정을 입혔는가?

☐ 데이터를 정보 전달의 도구로만 쓰지 않고, 인간의 삶과 존엄을 목격하게 만드는 초대장으로 활용했는가?

☐ 데이터가 가리키는 시대적 맥락과 의미를 작가만의 시선으로 정확하게 해석했는가?

POINT 5 **단락의 호흡: 작가의 배려는 문단에서 드러난다**

☐ 한 단락에서 하나의 핵심 메시지만 전달하는 '1문단 1메시지' 원칙을 지켰는가?

☐ 독자가 정보를 소화할 수 있도록 적절한 시점에서 하얀 여백(엔터키)을 배치했는가?

☐ 문단의 길이를 다양하게 조절하여 글 전체에 시각적 리듬과 속도감을 부여했는가?

POINT 6 위트와 유머: 책을 끝까지 읽게 만드는 숨구멍

☐ 팽팽한 논리의 긴장감을 늦추어 독자가 진심을 받아들일 수 있는 심리적 환기창을 만들었는가?

☐ 유머의 화살을 타인이 아닌 상황의 아이러니나 작가 자신의 서툰 대처로 향하게 했는가?

☐ 위트가 단순히 웃기기 위한 수단이 아니라, 무거운 진실을 매끄럽게 전달하는 당분 역할을 하고 있는가?

POINT 7 인용의 기술: 센스와 예의를 동시에 지키는 법

☐ 타인의 문장을 빌려올 때 직접 인용과 재인용에 맞는 정확한 문장 부호를 사용했는가?

☐ 인터넷의 불분명한 정보가 아닌 실제 원전을 확인하여 문장과 맥락을 대조했는가?

☐ 상세한 서지 정보를 기재하여 원작자의 지적 재산권과 독자에 대한 예의를 갖췄는가?

POINT 8 마감과 객관화: 끝내는 사람이 결국 출간한다

☐ 의지에만 기대지 않고 정교한 설계도(집필 계획서)에 따라 집필 과정을 통제하고 있는가?

☐ 자신의 집필 속도와 일상의 변수를 반영하여 일일 목표 분량을 수치화했는가?

☐ 완벽주의라는 덫을 버리고, 퇴고를 위해 일단 마지막 마침표까지 밀어붙이는 속도를 유지했는가?

☐ 각 꼭지의 내용이 책 전체의 킬러 컨셉이라는 큰 지붕 아래 일관성을
　유지하고 있으며, 전달하고자 하는 핵심 메시지가 단 한 문장으로 명확하게
　정의되는가?

☐ 앞선 꼭지에서 다룬 에피소드나 논리가 중복되어 독자에게 지루함을 주지는
　않는지, 그리고 주장을 뒷받침하는 사례와 통계 수치가 최신 데이터인가?

☐ 문장에 불필요한 부사(매우, 정말 등)나 피동 표현(~되어지다 등)이 섞여 독자의
　읽기 흐름을 방해하지 않는지, 그리고 소리 내어 읽었을 때 호흡이 매끄럽게
　이어지는가?

마침내,

책이 되는
9가지 열쇠

PART 4

출판사 탐색

원고의 마지막 마침표를 찍는 순간, 작가는 세상을 다 얻은 듯
한 고양감에 휩싸입니다. 하지만 이 뜨거운 결과물을 아무에
게나 던져주는 행위는 정성껏 차린 잔칫상을 지나가는 행인
에게 무작정 떠맡기는 것과 다름없습니다. 투고는 내 글이 독
자의 책상 위에 무사히 안착하기까지, 그 험난한 여정을 함께
완주해 줄 '지정 생존자'를 선별하는 고도의 심리전이자 정보
전입니다.

수많은 작가 지망생이 범하는 치명적인 오류는 이름만 대

면 아는 대형 출판사 이메일 주소를 수집해 '전체 발송'을 누르는 것입니다. 이는 SNS에서 글도 읽지 않고 '좋아요'를 남발하는 것만큼이나 성의 없고 무모한 짓입니다. 대형 출판사의 에디터들은 매일 수백 통의 투고 메일에 파묻혀 지냅니다. 그들에게 당신의 원고는 읽어야 할 '글'이 아니라 치워야 할 '업무'로 보일 가능성이 큽니다. 책을 세상에 내놓으며 확인한 진리는, 내 원고의 가치를 알아보고 끝까지 책임질 파트너는 화려한 간판이 아닌 '결이 맞는' 출판사를 찾아야 한다는 것입니다.

· 제인 오스틴의 10년, 그리고 파트너의 발견 ·

영국 문학의 자부심으로 불리는 제인 오스틴의 사례는 시사하는 바가 큽니다. 그녀의 걸작 《오만과 편견》은 처음부터 환대받은 작품이 아니었습니다. 1797년, 그녀의 아버지는 한 출판사에 원고를 보냈으나 돌아온 것은 "출간 불가"라는 차가운 답변뿐이었습니다. 당시 출판업계는 그녀의 섬세한 심리 묘사와 일상적인 대화체가 지닌 상업적 잠재력을 알아보지 못했습니다. (물론 당시 출판은 철저하게 작가는 을乙의 입장이었고,

게다가 여성 작가가 데뷔하는 것은 매우 힘들었던 시절이었습니다.)

오스틴은 좌절하는 대신 자신의 글을 진심으로 이해해 줄 파트너를 찾는 데 공을 들였습니다. 첫 거절 이후 무려 10년이 흐른 뒤에야 그녀의 유머와 통찰을 알아본 출판업자를 만났고, 비로소 《이성과 감성》을 시작으로 우리가 아는 걸작들이 세상에 빛을 보게 되었습니다. 만약 그녀가 대형 출판사의 거절에 매몰되어 투고를 포기했거나, 결이 맞지 않는 곳과 억지로 손을 잡았다면 세계 문학사의 지형은 바뀌었을지 모릅니다. 작가에게 필요한 것은 수백 개의 찬사가 아니라, 내 글의 '오만'을 '편견' 없이 바라봐 줄 단 한 명의 조력자입니다.

이렇듯 운명의 파트너를 만나기 위해서는 막연한 기대감을 버리고 냉철한 데이터베이스를 구축해야 합니다. 30~50곳 정도의 타깃 출판사 리스트를 만드는 과정은 투고의 성패를 가르는 8할의 비중을 차지합니다.

1. 서점의 등표지를 해킹하는 법

먼저 할 일은 대형 서점의 신간 매대로 달려가는 일입니다. 모름지기 작가라는 이름으로 글을 쓰고자 하는 사람이라면 대형 서점에 최소 한 달에 한 번씩은 '의무적'으로 가야 한다는 것이 제 생각입니다. 우선 내 원고와 주제, 문체, 타깃 독자가 유사한 책 열 권을 골라냅니다. 그리고 책등에 적힌 출판사 이름을 확인합니다. 최근 2~3년 내에 비슷한 결의 책을 꾸준히 발간한 곳이라면, 그들은 이미 당신의 원고를 받아들일 정서적·상업적 준비가 되어 있는 셈입니다.

2. 중소 규모 출판사의 '색깔'에 주목하기

거대 자본을 앞세운 대형사보다 특정 분야에 전문성을 지닌 강소 출판사가 초보 작가에게는 더 큰 기회가 됩니다. 인문학적 깊이를 중시하는지, 실용적인 팁을 선호하는지, 혹은 감성적인 문장에 집중하는지 해당 출판사의 SNS나 홈페이지를 살피며 '취향'을 파악합니다. 그들이 최근 주력하는 시리즈가 무엇인지 알면 투고 메일의 첫 문장부터 달라집니다.

3. 입체적인 리스트 작성

단순히 이메일 주소만 나열한 출판사 리스트는 힘이 없습니다. 엑셀 파일이나 워드 파일로 표를 만들어 출판사명, 대표 저서, 투고 방식(메일/홈페이지), 그리고 '내가 왜 이곳을 선택했는지'에 대한 이유를 적습니다. "평소 귀사의 도서를 애독했다"는 상투적인 문구 대신, "지난달 발간된 A 도서의 서사 방식이 제 원고가 지향하는 바와 일치한다"는 구체적인 고백이

185

출판사의 시선을 멈추게 합니다.

투고를 앞둔 작가들이 흔히 저지르는 심리적 실수는 스스로를 지나치게 '을'의 위치에 두는 것입니다. "제발 제 글 좀 읽어주세요"라는 태도는 원고의 가치를 스스로 깎아내립니다. 투고는 작가가 가진 유무형의 자산을 출판사에 제안하는 비즈니스 파트너십의 시작입니다.

그리하여 성공적인 투고 리스트는 작가의 자존감을 지켜주는 방어선이 됩니다. 1번 출판사에서 거절이 오더라도 미리 준비한 2번, 3번의 명단이 있다면 무너지지 않고 다음 단계로 나아갈 에너지를 얻습니다. 그동안 책을 출간하면서 깨달은 점은, 출판은 결국 '발견의 미학'이라는 것입니다. 출판사는 좋은 원고를 발견하고 싶어 하고, 작가는 좋은 출판사를 만나고 싶어 합니다. 작가와 출판사 모두 서로를 '발견'했을 때 좋은 책이 만들어집니다.

내 원고가 서가에서 어떤 이웃과 어깨를 나란히 할 때 가장 돋보일지 상상해 보십시오. 그 상상이 구체적일수록 투고 메일의 수신인 칸에 적힐 출판사의 이름은 선명해집니다. 이제 무의미한 대량 발송의 유혹을 뿌리치고, 당신의 원고를 생존시켜 줄 운명의 리스트를 작성할 시간입니다.

투고 메일

: 출판사의 '읽씹'을 방지하는 정석

정교한 타깃 리스트를 확보했다면 이제 출판사라는 성벽의 문을 두드릴 차례입니다. 하지만 출판사의 메일함은 이미 전국 각지에서 도착한 '절박한 호소문'으로 마비 상태입니다. 친한 출판 에디터는 매주 월요일 아침이 무섭다는 말을 자주 하곤 합니다. 주말 내내 쉬지 않고 밀려든 투고 메일이 월요일 오전의 메일함을 빈틈없이 점령하고 있기 때문입니다. 수백 통의 메일 중 출판사의 시선이 당신의 원고 위에서 멈추게 하려면, 감정에 호소하는 문학적 수사보다 내 책을 함께 만들 파트너로서의 명확한 인상을 남겨야 합니다.

여기서 기억해야 할 것이 있습니다. 아무리 완벽한 출간 기획서와 보석 같은 원고를 준비했더라도, 투고 메일이라는 문턱을 넘지 못하면 그 서류들은 영원히 열람되지 않은 채 휴지통으로 직행한다는 점입니다. 투고 메일은 본론인 출간 기획서와 원고를 읽게 만드는 통로이자 도화선입니다. 원고가 책의 본체라면, 투고 메일은 그 본체를 열게 만드는 열쇠입니다. 따라서 투고 메일은 원고의 일부가 아니라, 그 원고를 읽게 만드는 초대장임을 잊지 말아야 합니다.

출판사가 두려워하는 것은 '두서없고 정체 불명의 긴 글'입니다. 투고 메일의 본문이 길어질수록 출판사는 본능적으로 읽기를 미루게 됩니다. (독자의 입장에서 생각해 보면 당연한 현상입니다.) 더불어 지나치게 작가의 입장과 감정만을 호소하는 투고 메일은 출판사 입장에서 굉장히 부담스러운 원고로 보입니다.

투고 현장에서 빛나는 투고 메일은 '명확한 컨셉'에 집중한 '본질'을 다룬 간결한 글입니다. 많은 투고자가 "제 삶의 모든 정성을 담았습니다"라며 감상적인 서두를 꺼내지만, 솔직히 '정성'과 '간절함'이 없는 원고는 세상에 없습니다. 출판사가 정작 궁금한 것은 이 원고가 어떤 독자에게 어떠한 실질적인 도움을 줄 수 있고, 그것이 진정으로 독자들에게 가치 있는 이

익일까, 라는 생각입니다.

출판사가 메일을 열었을 때, 작가의 절박함보다 원고의 시장성과 차별성이 먼저 보여야 합니다. 투고 메일의 본문은 작가의 문장력을 뽐내는 장이 아니라, 첨부된 기획서와 샘플 원고라는 '메인 요리'를 먹어보고 싶게 만드는, 잘 갖춰진 코너가 되어야 합니다. 투고 메일이 잘 갖춰져야 출판사는 비로소 정성껏 준비한 출간 기획서를 클릭할 마음을 먹습니다. 책에서 전하려는 핵심 메시지가 선명할수록 내 책의 파트너로서 준비된 작가의 면모는 자연스럽게 전달됩니다.

· 출판사의 마우스를 움직이는 제목과 본문의 공식 ·

메일함의 수많은 투고 원고 사이에서 생존율을 높이려면 다음 형식을 준수하는 것이 좋습니다.

1. 제목의 가독성 확보를 위한 대괄호의 활용

메일 제목에 모든 정보를 담으려 하지 말아야 합니다. 출판사가 메일 목록만 보고도 원고의 성격과 작가를 파악하게 하는 것이 핵심입니다.

나쁜 예 — 안녕하세요, 평소 존경하던 출판사에 제 소중한 원고를 보냅니다. 꼭 읽어주세요.

좋은 예 — [출간투고_글쓰기] 어쩌면 잘 쓰게 될지도 모릅니다_이윤영_원고 전체 포함

2. 본문 3단 구성의 간결함

본문은 스마트폰 한 화면에 들어올 정도로 짧아야 합니다.

1문단 — **첫인사**: 출판사의 최근 신간이나 출판 철학에 대한 짧고 구체적인 공감

2문단 — **핵심 요약**: 원고의 한 줄 메시지와 타깃 독자층 명시

3문단 — **파일 안내**: 첨부된 서류(출간 기획서, 샘플 원고, 프로필)에 대한 안내와 정중한 맺음말

실전 예시로 제 첫 책인《어쩌면 잘 쓰게 될지도 모릅니다》를 출판사에 투고했을 때의 투고 메일을 함께 볼까 합니다. 실제로 이 간결한 양식의 메일을 보낸 직후, 감사하게도 여러 곳의 출판사로부터 미팅 제안을 받았습니다. 출간 기획서나 원고를 보기 전, 투고 메일 자체에서 느껴지는 명확한 기획 의도가 출판사의 마음을 먼저 움직인 것입니다.

[출간투고_글쓰기] 어쩌면 잘 쓰게 될지도 모릅니다_이윤영_원고 포함

안녕하세요, [출판사명] 편집부 귀하.

평소 일상의 기록을 특별한 콘텐츠로 빚어내는 귀사의 안목을 신뢰해 온 이윤영입니다. 특히 최근 발간된 〈OOOOO〉이 제시한 대중적이고 친절한 접근 방식에 깊이 공감하여 제 원고를 투고합니다.

[원고 개요]

제목: 어쩌면 잘 쓰게 될지도 모릅니다

장르: 글쓰기/실용에세이

핵심 메시지: 글쓰기에 대한 막연한 두려움을 없애고 매일 한 줄이라도 쓰게 하는 힘을 기르는 글쓰기의 태도와 자세

타깃: 글쓰기를 시작하고 싶은데 망설이는 초보 기록자

[첨부 서류]

출간 기획서(같은 장르 서적 대비 차별화 명시 및 상세 목차)

샘플 원고

작가 프로필(관련 강의 및 집필 이력)

귀사의 소중한 시간을 내어 검토해 주셔서 감사합니다.

긍정적인 답변 기다리겠습니다.

투고 메일을 보낸 후 즉각적인 답장이 오지 않는다고 해서 조급해할 필요는 없습니다. 출판사의 침묵은 당신의 글이 부족해서가 아니라, 그들이 현재 다른 원고의 마감 전쟁을 치르고 있거나 당신의 원고를 진지하게 읽어볼 시간을 확보하는 중이기 때문입니다.

이럴 때 필요한 것이 담백한 자신감입니다. 출판사가 궁금해 하는 정보만을 정갈하게 차려낼 때, 당신의 메일은 '삭제' 버튼이 아닌 '열람' 버튼의 선택을 받게 됩니다.

첨부파일의 태도

: 작가의 신뢰도를 만드는 디테일

흔히 원고만 잘 쓰면 되지 형식이 무슨 소용이냐고 묻는 분들이 있습니다. 하지만 출판 투고의 과정에서 이것은 아주 위험한 발상입니다. 아무리 보석 같은 문장이라도 정돈되지 않은 그릇에 담겨 있다면 그 가치를 인정받기 어렵습니다. 형식이 왜 원고의 품질만큼, 혹은 그보다 우선하여 중요한지 짚어보자면 첫째, 작가의 성실함을 증명하는 지표이기 때문입니다. 오탈자가 없고 레이아웃이 정갈한 서류는 작가가 자신의 원고를 얼마나 귀하게 여기며 여러 번 매만졌는지를 보여줍니다.

출판사는 글만 잘 쓰는 사람이 아니라, 책이라는 상품을 끝까지 성실하게 완성할 파트너를 찾습니다. 둘째, 편집부의 리소스를 배려하는 태도입니다. 출판사는 매일 쏟아지는 투고 사이에서 시간을 쪼개 검토를 진행합니다. 가독성 좋게 정리된 서류는 에디터가 원고의 핵심을 파악하는 시간을 줄여줍니다. 이러한 배려는 작가가 협업의 구조를 이해하고 있음을 암시하며 긍정적인 첫인상을 남깁니다. 셋째, 콘텐츠의 신뢰도를 결정합니다. 비즈니스 미팅에서 복장이 예의를 나타내듯, 서류의 격식은 원고의 권위를 세워줍니다. 형식이 흐트러진 서류는 원고의 깊이까지 의심받게 만들지만, 격식을 갖춘 구성은 작가의 주장을 더욱 설득력 있게 전달합니다. 이런 형식을 갖춘 메일 첨부 서류는 다음의 두 가지 중요한 요소로 정해집니다.

물론 더 첨부해도 좋지만 간결하면서 필요한 첨부 서류가 작가의 품격을 더욱 더 높입니다.

첫 번째 요소는 원고의 설계도이자 작가의 얼굴, 출간 기획서입니다. 출간 기획서는 작가의 머릿속에 있는 추상적인 아이디어를 출판 시장이라는 현실로 끌어내리는 문서입니다. 출판사는 이 문서를 통해 책의 타깃 독자, 경쟁 도서와의 차별점, 마케팅 활용 가능성을 점검합니다.

출간 기획서에는 포함되어야 할 항목이 있습니다. 도서의 가제, 핵심 컨셉(한 줄 요약), 기획 의도, 예상 독자층, 그리고 상세 목차입니다. 좀 더 구체화하고 싶다면 같은 장르나 소재의 도서와 비교해 무엇이 경쟁력인지 차별화 포인트를 넣는 것이 좋습니다. 마지막으로 작가 프로필을 출간 기획서 내부의 한 항목으로 포함하여 구성하는 것이 좋습니다. 별도의 파일보다는 출간 기획서 안에서 "왜 이 주제를 이 작가가 써야 하는가"에 대한 답을 즉각적으로 주는 것이 효율적이기 때문입니다. 운영 중인 SNS 계정이나 블로그가 있다면 링크를 포함하여 잠재적 독자와의 소통 능력을 보여주는 것도 좋은 방법입니다.

두 번째 요소는 정성 가득 섬섬옥수로 쓴 샘플 원고입니다. 출간 기획서가 원고의 가능성을 말한다면, 샘플 원고는 작가의 필력을 입증합니다. 분량이 방대한 경우 책의 색깔을 보여주는 서문과 핵심 챕터를 선별해 제출하는 경우도 있습니다. 하지만 신인 작가이거나 아직 출판사와의 협업을 통해 출간을 경험한 작가가 아니라면 출판사에 신뢰를 주기 위해 원고를 90~100% 완성한 상태에서 투고하는 편이 유리합니다. 최근 출판계에서는 기획의 참신함 못지않게 작가의 원고 완성 능력을 중시하므로, 전체 원고를 모두 보내 작가의 성실함과 집필력을 동시에 보여주는 사례가 늘고 있습니다.

짧은 분량의 샘플 원고를 보낼 때는 독자의 시선을 붙드는 첫 장이나 작가의 독창적인 관점이 돋보이는 챕터를 선택합니다. 이때 중요한 점은 퇴고를 마친 정갈한 문장 상태여야 한다는 것입니다. 오탈자가 반복되거나 비문이 섞인 원고는 기획의 참신함마저 퇴색시킵니다. 정돈된 문장은 출판사로 하여금 편집 효율을 기대하게 만들며, 신뢰도를 높이는 요인이 됩니다.

두 요소는 각각의 한글(hwp) 파일로 분리하여 제출하는 것이 정석입니다. 다만, 최근에는 가독성을 높이고 레이아웃이 깨지는 것을 방지하기 위해 PDF 형식으로 제출하는 것을 선호하거나 허용하는 출판사도 많아졌습니다. 이는 투고 시 출판사의 홈페이지를 잘 살펴본 후에 어떤 형식의 파일을 보내야 할지 선택해서 보내면 됩니다. 책 뒷면에 메일 주소만 확인하지 말고 투고 시 출판사의 홈페이지 공지사항을 확인하시길 바랍니다.

실전 예시

[출간 기획서] 어쩌면 잘 쓰게 될지도 모릅니다_이윤영.hwp(혹은 .pdf)

- 가제, 기획의도, 주요 독자층, 차별화 포인트, 상세 목차, 작가 프로필(활동 채널 및 이력) 포함

[샘플 원고] 어쩌면 잘 쓰게 될지도 모릅니다_이윤영.hwp(혹은 .pdf)
- 서문과 주요 챕터 혹은 전체 원고 포함

이러한 분류는 출판사 관계자가 필요에 따라 문서를 열람하고 내부 회의 자료로 공유하기에 용이한 환경을 제공합니다. 작가의 편의보다 검토자의 환경을 먼저 배려하는 자세가 프로다운 인상을 남기겠죠!

거절 대응법

: 거절 메일을 대하는 태도

드라마 작가들이 대본을 집필할 때 즐겨 쓰는 비장의 카드가 있습니다. 바로 특정 배우를 미리 머릿속에 앉혀두고 글을 쓰는 가상 캐스팅 기법입니다. "이 남주는 공유여야 해"라고 점 찍어두면, 그 배우 특유의 말투와 몸짓, 눈빛이 스며들어 집필 속도가 엄청나게 빨라집니다.

출판 투고 역시 이러한 가상 캐스팅 기법을 활용하면 좋습니다. 글을 쓰기 전부터 "내 원고는 이 출판사에서 내고 싶다"라는 열망을 품어보는 것입니다. 그 출판사가 만든 책들의 결,

종이의 질감, 서체 스타일까지 내 원고와 대조하다 보면 기획의 색깔은 저절로 선명해집니다. 더불어 이 방법은 거절 메일이 오더라도 조금은 용기를 낼 배짱이 생기게 합니다. 물론 쉬운 일은 아니지만요! 저 역시 첫 책을 준비할 때 꼭 출판하고 싶은 출판사가 있었습니다. 평소 그 출판사의 책을 좋아하기도 했고, 책표지 구성이나 목차의 카피 등이 저와 참 잘 맞다고 생각했습니다. 급기야 그 출판사의 책을 여러 권 사서 아예 집필하는 책상 위에 올려놓고 글이 막힐 때마다 몰래 몰래 훔쳐보기까지 했습니다. 이후 원고가 완성되고, 수많은 출판사에 투고를 시작했습니다. 예상과 달리 차가운 거절 메일들이 쏟아졌습니다. "귀사에 좋은 원고를 보내주셔서 감사합니다. 하지만 저희 출판사와 방향이 맞지 않아 이번에는 출간이 어렵습니다."

이런 거절 메일을 받게 되면 한동안 멍해집니다. 써달라고 해서 쓴 것은 아니지만 그렇다고 이렇게까지 거절을 받아도 될 정도인가 싶어 자괴감에 들곤 하지요. 하지만 간절하게 출판을 원했던 그 출판사의 거절 메일 앞에서는 자괴감에만 머무르고 있을 수는 없었습니다. 지금 생각해보면 어디서 그런 용기가 났는지 신기할 따름입니다. 저는 거절 메일에 답장 메일을 써서 보냈습니다. "혹시 제 원고나 책의 방향이 어떤 식으로 달라지면 좋을까요? 평소 귀사의 책들을 애정했던 독자로서 궁금하여 용기 내어 메일 보냅니다"라는 절실한 진심을 담았습니다. 간절함이 통했던 걸까요? 그 메일에 마음을 연에디터와 연락이 닿았고, 무려 한 시간이 넘는 전화 통화로 원고에 대한 조언을 들을 수 있었습니다. 당시 그 출판사에서는 이미 다른 글쓰기 책의 출간이 확정된 상태라 제 원고를 당장 낼 수는 없는 상황이었습니다. 하지만 에디터의 전문적인 코칭을 바탕으로 원고의 방향을 살짝 수정했고, 이후 투고한 여타의 출판사에서는 거의 모두 출간 제의를 받을 수 있었습니다. 물론 이런 행동이 결코 쉽지는 않습니다. 때로는 역효과가 날 수도 있습니다. 모든 출판사에 남발하기보다는, 정말로 절실한 단 한 곳 정도는 진심을 담아 용기를 내어 보시되 스스로 잘 판단하시길 바랍니다. 그 전에 우리가 좀 더 알아야 할 사실은 출판사가 거절 메일을 보내는 이유입니다. 1. 정말 원고나 기획의 매력이 부족한 경우 2. 원고는 좋으나 출간 시기나 마케팅 타이밍이 맞지 않는 경우 3. 이미 비슷한 류의 원고가 출간 대기 상태인 경우 이렇게 세 가지로 압축할 수 있습니다. 저의 경우에는 3번에 해당한 경우였습니다.

투고 메일함에 도착한 거절의 신호를 대하는 작가의 태도는 크게 두 가지 방향으로 나뉩니다.

첫 번째는 거절의 충격으로 원고를 더 이상 돌보지 않는 경우입니다. "내 글의 진가를 몰라주다니"라는 원망과 함께 그동안 혼자 몰래 애쓴 시간이 억울하고 원통하여 원고를 폴더 깊숙이 묻어버리는 것이지요. 책 쓰기 수업에 참여하시는 분 중에서도 이런 분들이 상당히 많습니다. 한두 번의 거절에 마음을 닫고 스스로 절필을 선언하거나 원고를 미완성인 채로 방치하곤 합니다. 하지만 이는 스스로 성장의 기회를 버리는 것과 같습니다. 작가는 수많은 거절과 마주하는 직업입니다. 제아무리 유명한 작가라도 출판사와의 협업 과정에서 거절과 승낙은 비일비재하게 이루어집니다. 출판뿐만이 아닙니다. 이후 책 홍보나 북토크, 강연 등 관련 일정에서도 거절과 승낙은 반복적으로 되풀이되는 하나의 현상입니다.

두 번째는 거절을 오히려 원고를 날카롭게 벼리는 기회로 삼는 태도입니다. 제 경험처럼 정말로 간절하게 출판을 원했던 출판사라면 정중하게 피드백을 요청하거나 출판에 대해 전문적인 시각을 갖고 있는 조언자를 주변에서 찾아보세요. 출판사의 전문적인 시선은 내 원고를 객관적으로 바라보게 하는 귀한 거울이 됩니다. 시기나 내부 사정으로 거절당했다 하더라도, 그 과정에서 얻은 조언은 다음 투고에서 성공 확률을 높이는 방법을 찾는 길이 되기도 합니다. 또한 내 글을 좀 더 객관적인 관점에서 다시 살펴볼 수 있는 계기가 되기도 합니다.

그럼에도 불구하고 누군가에게 정성스러운 나만의 무엇을 거절당하면 마음의 상처가 깊이 남게 됩니다. 당연하지요! 작가도 사람이니까요. 거절 메일을 받았다면 잠시 숨을 고르고 원고와 나 자신을 분리해 보세요. 또한 그들의 거절 메일은 당신 존재에 대한 부정이 아닙니다. 파트너로서 서로의 타이밍이 조금 어긋났을 뿐입니다. 물론 이런 가정은 원고의 퀄리티가 보장된 상황입니다. 누군가를 원망하고 자기 자신을 채찍질 하기보다는 다시 원고를 출력해서 한 챕터씩 수정과 퇴고를 다해보는 것이 어쩌면 좋은 책을 낼 수 있는 작가로 가는 길을 단축하는 현명하고 지혜로운 방법일 것입니다.

셀프 출판

: 출판사 없이도 책은 나올 수 있다

출판사의 메일함은 언제나 넘치고 에디터의 시간은 늘 부족합니다. 아무리 공을 들인 원고라도 때로는 시기가 맞지 않아서, 혹은 단순히 출판사의 올해 라인업과 결이 달라 선택받지 못할 수 있습니다. 하지만 여기서 멈출 필요는 없습니다. 누군가의 선택을 기다리는 대신 스스로 무대를 만드는 방법이 있기 때문입니다. 이제는 출판사가 나를 데뷔시켜주기를 기다리는 시대가 아니라, 내가 나를 작가로 명명하고 독자와 직접 만나는 시대입니다. 최근에는 출판사의 문을 두드리는 대신 자신만의 경로를 개척해 작가가 되는 사례들이 늘고 있습니다. '독립 출판'이나 '지역 출판 지원 사업'을 통해 원고를 세상에 먼저 내놓고, 그 실체를 바탕으로 독자와 소통하는 방법입니다. 책 쓰기 수업에서 만난 독서 마니아 L씨는 그동안 읽었던 책의 서평을 매일 블로그에 올리는 서평 블로거였습니다. 몇 년간 모은 서평을 책으로 출간하고 싶었지만 비슷한 류의 책이 차고 넘치는 출판 시장에서 그의 원고는 빛을 보지 못했습니다. 고민하던 차에 독립 출판의 형태를 권했고 POD 형식을 통해 책을 출간했습니다. 결국 그녀의 책은 대단한 마케팅 없이도 독자들의 입소문을 타며 잔잔한 감동을 주었습니다. '책을 권하는 사람'에서 '자신의 책을 가진 작가'로 거듭난 그녀의 여정은 출판의 본질이 결국 '진정성 있는 콘텐츠'에 있음을 보여줍니다. 이후 지인과 직장 및 자신의 블로그에 자신의 이름으로 된 책을 올렸고, 이를 눈여겨본 출판사에서 다음 책의 출간을 제안했습니다. 상업적 기준을 우선하는 기성 출판사의 높은 벽은 초보 작가들에게는 뚫기 힘든 벽이 되곤 합니다. 그때 과감히 원고를 억지로 가공하기보다, 진짜 자신이 쓰고 싶었던 글이고, 책이라면 독립 출판의 형태로 과감히 출판하는 것도 독자를 만나게 되는 신선한 방법일 수 있습니다.

또 다른 사례도 있습니다. 15년 차 영어 교사였던 한 글쓰기 수업 참여자는 독립 출판과 지역 출간 작가 활성화 사업에 참여했습니다. 그녀는 시장에 넘쳐나는 입시 위주의 책보다는 '영어'에 대한 자신의 애정을 담은 소소한 에세이를 책으로 담아내고 싶어 했고, 출판사가 아닌 다른 곳으로 시야를 돌렸습니다. 거주하고 있는 지자체나 지역 문화 재단에서 운영하는 지역 작가 육성 사업에 문을 두드린 것입니다. 자본을 가진 출판사의 간택을 기다리는 대신, 지역 공동체와 함께 호흡하며 자신의 전문성을 담은 원고를 묵직하게 채워나갔습니다. 그녀의 원고는 그렇게 지역의 문화 자산으로 남았고, 다양한 루트를 통해 꾸준히 판매되고 있는 책이 되었습니다. 이제는 어엿한 작가로서 두 번째 책을 준비하고 있습니다. 그녀의 성공은 기획의 방향이 명확하다면 출판사의 브랜드보다 작가의 전문성이 더 큰 힘을 발휘한다는 사실을 입증했습니다.

출판사에 투고를 하고 간절히 연락을 기다리는 시간을 줄이고 싶다면 다음과 같은 대안들을 고려해 볼 수 있습니다.

크라우드 펀딩 — 텀블벅이나 와디즈 같은 플랫폼은 원고의 시장성을 미리 확인할 수 있는 좋은 시험대입니다. 미리 독자들로부터 제작비를 후원받기에 후원자가 곧 초기 팬덤이 됩니다.

POD(Print On Demand) **출판** ― 부크크나 교보문고 퍼플 같은 플랫폼은 주문이 발생할 때마다 책을 찍어 배송해 줍니다. 초기 비용과 재고 부담 없이 정식 작가로 등록될 수 있습니다.

독립 출판과 공공 지원 사업 ― 소규모 독립 서점에 입고시키거나 지역 출간 활성화 사업을 활용하는 방식입니다. 작가의 개성을 온전히 담을 수 있다는 점이 큰 매력입니다.

셀프 출판은 투고 실패에 따른 차선책이 아닙니다. 오히려 내 원고를 가장 사랑하는 첫 번째 독자인 내가, 나의 글에 기회를 주는 적극적인 행동입니다. 여기서 우리가 기억해야 할 본질이 있습니다. 책을 어디에서 출판하는지는 그리 중요하지 않다는 사실입니다. 작가의 품격은 출판사의 이름표가 아니라, 원고의 질과 양, 그리고 시대를 관통하는 기획의 방향에서 나옵니다. 콘텐츠의 본질이 단단하다면 독립 출판으로 시작하든, 자비로 책을 만들든 독자는 응답하게 되어 있습니다.

누군가에게 선택받기를 기다리는 수동적인 시간에서 벗어나 여러분의 원고가 가진 본질에 집중해 보십시오. 종이 위에 인쇄된 자신의 이름을 마주하는 순간, 당신은 더 이상 '작가 지망생'이 아닌 '작가'로 살아가게 될 것입니다.

출판사와의 협업

: 작가와 에디터, 잘못 만나면 장르가 바뀐다

글쓰기가 오롯이 작가 혼자만의 고독한 유배 생활이라면, 출판은 그 외로운 섬에 든든한 보급선이 도착하는 시점입니다. 혼자 글을 쓰는 작가에게 출판사와의 협업은 마치 꽁꽁 얼어붙은 노트북 위를 비추는 봄날의 햇살 같은 존재죠. 드라마 속 에디터는 참 다정하기도 합니다. 마감을 어긴 작가에게 모닝콜을 해주고, 기운 내라며 따뜻한 밥을 사주고, 심지어 집 앞까지 찾아와 애절하게 원고를 기다리는 끈끈한 관계로 묘사되곤 하니까요. 하지만 미리 고백하건대, 그건 어디까지나 드라마일 뿐입니다. (물론 세기의 거장들에게는 그런 로맨틱한 동료애가 있었을지도 모르지만요.) 제가 만난 현실의 에디터들은 솔직히 그 정도까지는 아니었습니다. 그들은 내 원고를 때로는 차갑게, 때로는 뜨겁게 바라보는 동료이자 파트너에 가깝습니다.

어떤 에디터를 만나느냐에 따라 책의 운명, 아니 생사 자체가 바뀔 수 있습니다. 저의 첫 책인《어쩌면 잘 쓰게 될지도 모릅니다》가 태동하던 시기의 일입니다. 당시 저는 브런치 플랫폼에 요일 연재를 하고 있었는데, 시작한 지 불과 몇 주 만에 한 출판사로부터 러브콜을 받았습니다. 그날의 가슴 뜀이란! "나도 드디어 출간 작가가 되는구나" 싶어 입꼬리가 내려오질 않았죠. 그런데 사람 마음이 참 간사합니다. "원고가 몇 개 없는데도 이렇게 연락이 온다면, 전체 원고를 다 완성해서 투고를 하면 더 큰 출판사에서 출간할 수 있지 않을까?" 하는 맹랑하고도 어이없는 욕심이 고개를 든 겁니다. 그날부터 스터디카페의 맨구석 자리에 틀어박혀 초고를 써 내려갔고, 완성되자마자 이름만 대면 알 만한 대형 출판사들에 매일 투고를 하기 시작했습니다.

얼마 지나지 않아 한 출판사에서 미팅 제안이 왔습니다. 당시 베스트셀러를 쭉쭉 뽑아내던 A에디터가 저희 집 앞까지 찾아오셨죠. 내심 '아, 나도 이제 베스트셀러 작가가 되는 건가'라는 핑크빛 망상에 휩싸였습니다.

하지만 미팅이 시작되자마자 설렘은 당혹감으로 변했습니다. 에디터의 제안은 아주 선명했거든요. 당시 유행하던 '마흔 즈음의 중년 여성이 삶의 위기를 글쓰기로 극복한 눈물 어린 에세이'로 책의 방향을 완전히 틀어보자는 것이었습니다. 난감했습니다. 물론 저 역시 건강상의 이유로 글쓰기를 본격적으로 하게 된 경우지만 그걸 전면에 내세워 이야기를 엮는 건 못내 마음이 불편했습니다. 게다가 당시 책의 컨셉은 '글쓰기를 힘들어 하고, 어려워하는 초보 작가들을 위한 친절하고 다정한 글쓰기 에세이'였기에 그 본질이 흐려지는 기분이었습니다. 하지만 대형 출판사의 간판과 베스트셀러를 뽑아낸 안목을 가진 에디터의 생각을 그냥 흘려들을 수만은 없었습니다. "좋은 책을 내려면 이 정도 수정은 감수해야지"라는 주변의 이야기도 한몫했습니다. 2주간 원고와 처절하게 씨름했습니다.

결국 저는 그 출판사와 계약하지 않았습니다. 대신 맨 처음 제 브런치에 업로드된 '날것' 그대로를 눈여겨봐 주었던 첫 출판사의 손을 잡았습니다. (심지어 그 출판사는 대형 출판사와의 계약을 인정해주며 기다려주었습니다.) 이후 저는 아무리 예쁜 옷이라도 내 몸에 맞지 않으면 걸음걸이부터 어색해진다는 걸 깨달았기 때문입니다.

출판사에 투고를 하다 보면 거절 메일을 매일 받습니다. 그러다 문득 미팅 제안을 받으면 들 뜬 기분에 사로잡힙니다. 출판사와의 좋은 협업이 되기 위해서는 작가 역시 공부해야 할 것이 있습니다. 우선 에디터의 출판 이력을 추적해보세요. 같은 출판사 지붕 아래 있어도 에디터마다 취향은 천차만별입니다. 책 뒷면 판권 페이지에 적힌 에디터의 이름을 확인하고, 그분이 이전에 어떤 책들을 세상에 내놓았는지 오프라인 서점에서 꼭 훑어보세요. 온라인으로는 알 수 없는 그분만의 결이 종이 향기 속에 묻어 있을 겁니다. 더불어 내 글의 수정이 '수술'이 되지 않게 하세요. 에디터의 피드백은 원고를 살리는 처방전입니다. 하지만 저의 사례처럼 장르 자체가 바뀌는 수준이라면 그건 원고의 본질을 바꾸는 수술에 해당합니다. 물론 수술이 좋은 결과를 낳기도 합니다. 내가 보여주고 싶었던 핵심이 흔들리지 않는 선에서 협의점이 있는지 확인해야 합니다. 또한 내 필력이 그 '수술'을 감당할 수 있는 영역인지 거듭 확인해야 합니다. 수정 방향이 시장의 트렌드에 딱 맞더라도, 작가 본인이 쓰면서 괴롭다면 그 글은 생명력을 잃습니다.

내가 즐겁게 써 내려갈 수 있는 영역인지 스스로에게 냉정하게 물어보시기 바랍니다.

에디터와의 협업은 투박한 원석을 깎아 보석으로 만드는 정교한 과정입니다. 노벨 문학상 수상자인 어니스트 헤밍웨이 역시 전설적인 에디터 맥스웰 퍼킨스(Maxwell Perkins, 1884~1947)와 치열하게 소통하며 문장을 깎아냈습니다. 헤밍웨이의 그 간결하고 힘 있는 문체 뒤에는, 작가의 고집을 부드럽게 설득하고 문장의 잉여를 걷어내 준 에디터의 날카로운 안목이 있었습니다. 에디터는 내 글을 감시하러 온 교관이 아닙니다. 당신의 글이 독자의 마음이라는 과녁에 정확히 꽂히도록 돕는 첫 번째 관객이자 최초의 독자입니다. 그들과의 만남을 우연이 아닌 운명적인 기회로 만들기 위해서는 내 책의 본질과 스스로를 객관화할 수 있는 마음 자세, 무리하지 않는 선에서 이루어지는 수정과 '수술'의 차이를 인식해야 합니다. 유연하되 본질을 잃지 않는 그 한 끗 차이의 협업이 원고를 책으로 완성해 줄 것입니다.

SNS와 작가 마케팅

: '글만 잘 쓰면 끝'이라는 오해

원고가 완성되면 작가는 흔히 이런 달콤한 상상에 빠지곤 합니다. "이제 내 손을 떠났으니, 홍보와 판매는 전문가인 출판사가 알아서 해주겠지." 하지만 냉정하게 말해 이는 위험한 환상입니다. 하루에도 수백 권의 신간이 쏟아지는 출판 시장에서 출판사의 마케팅 예산과 인력은 한정되어 있습니다. 이제는 작가가 직접 자신의 SNS와 블로그를 거점으로 삼아 독자와 먼저 만나는 작가 주도형 홍보 전략이 선택이 아닌 필수인 시대입니다.

하지만 처음 글을 쓰는 초보 작가들에게 SNS는 파도처럼 밀려오는 정보의 바다이자, 때로는 자신을 노출해야 하는 두려운 공간입니다. 저 역시 처음에는 블로그 한켠에 조심스럽게 글을 채우는 것으로 시작했습니다. 이후 브런치를 거쳐 지금은 유튜브와 인스타그램까지 여러 매체를 활용하고 있지요. "글만 잘 쓰면 되지, 굳이 이런 것까지?"라고 묻는 분들을 위해 SNS를 지금 당장 시작해야 하는 세 가지 이유를 전합니다.

첫째, SNS는 작가의 성실함을 입증하는 객관적인 데이터입니다. 출판사는 작가의 필력만큼이나 마감 약속을 지키는 성실함을 중요하게 여깁니다. 꾸준히 글을 발행해 온 흔적은 당신이 얼마나 진지하게 집필에 임하는 사람인지 보여주는 포트폴리오가 됩니다.

둘째, SNS는 내 책의 시장성을 검증하는 실험실입니다. 내 글이 대중에게 어떻게 소비되는지, 어떤 문장에 독자들이 반응하는지 SNS를 통해 미리 확인할 수 있습니다. 이는 출판사 입장에서도 '이 작가의 글은 시장에서 통한다'라는 확신을 갖게 하는 근거가 됩니다.

셋째, SNS는 독자와의 유대감을 쌓는 예비 마당입니다. 책이 나오기 전부터 작가와 소통해 온 팔로워들은 책이 출간되는 순간 열렬한 지지자이자 구매자가 됩니다. 아무도 모르는 상태에서 시작하는 것보다 든든한 지원군을 업고 시작하는 경기는 결과가 다를 수밖에 없습니다.

출판 시장이 어렵다고 아우성이지만, 역설적으로 출판사는 언제나 새로운 작가에 목말라 있습니다. 참신한 기획과 신선한 문장을 가진 새로운 인재를 발굴하고 싶어 합니다. 하지만 정작 새로운 작가를 찾아내기가 하늘의 별 따기입니다. 이유는 단순합니다. 많은 초보 작가들이 자신을 드러내는 것을 지나치게 어려워하며 '꼭꼭 숨어' 있기 때문입니다.

책 쓰기 수업에서 만난 R씨 역시 마찬가지였습니다. R씨는 누구보다 출간을 간절히 원했지만, SNS만큼은 죽어도 하기 싫어했습니다. "책은 내고 싶지만 나를 노출하는 건 질색"이라며 손사래를 쳤죠. 하지만 제가 던진 질문은 하나였습니다. "출판사가 작가님을 어디서 찾아내야 할까요? 그리고 독자들이 작가님의 글을 좋아할지 아닐지 무엇으로 판단할 수 있을까요?" 이 질문에 R씨는 블로그에 첫 글을 쓰기 시작했습니다.

출판사 에디터들은 지금 이 순간에도 검색 엔진과 SNS를 유영하며 출간하고자 하는 원고를 찾고 있습니다. SNS는 작가의 역량을 표현하는 효율적인 도구입니다. 물론 단점도 많고 기피할 수밖에 없는 이유도 명확합니다. 하지만 피할 수 없다면 이제는 즐겨야 할 때입니다.

SNS를 단순히 '홍보용 도구'로만 본다면 금세 지치기 마련입니다. 하지만 시각을 살짝 틀어보면 SNS는 작가에게 훌륭한 아이템 저장고가 됩니다. 다양한 카테고리에 여러 이야기를 기록하고 정리하는 툴로 유용한 도구가 SNS입니다. 물론 자기 과시나 기타 등등의 목적으로 사용되지 않는 선에서 말입니다. 또한 휘발되는 영감 붙잡기에 좋습니다. 길을 걷다 떠오른 생각, 책을 읽다 마주친 한 줄을 SNS에 짧게 기록해 두세요. 이 파편들이 모여 나중에 한 권의 책을 구성하는 훌륭한 재료가 됩니다. 더불어 실시간 피드백을 얻을 수 있는 창고이기도 합니다. 짧은 글에 달리는 댓글과 좋아요는 작가에게 즉각적인 영감을 줍니다. 100% 신뢰할 수는 없지만 독자가 궁금해하는 지점이 어디인지 파악하는 과정에서 기획의 방향이 더욱 선명해지기도 합니다.

SNS은 책을 파는 행위를 넘어, 작가의 세계관을 확장하고 독자와 함께 성장하는 과정에 대한 기록입니다. SNS라는 거점을 통해 내 글이 세상에 가닿는 길을 미리 닦아둔다고 생각

해보면 어떨까요? 정성스럽게 가꾼 온라인 정원은 내 책이 세
상에 나왔을 때, 아름다운 진입로가 될 수 있습니다.

지속 가능한 집필

: 한 권 이후를 준비하는 사람들

책 한 권을 세상에 내놓는 것은 분명 대단한 일입니다. 하지만 진정한 작가의 삶은 첫 책의 마침표를 찍은 뒤, 다음 원고의 첫 문장을 언제 시작하느냐에 달려 있습니다. 책 쓰기 강의 때 꼭 빼놓지 않고 하는 이야기가 있습니다. '책 쓰기에서 한 권만 쓴 사람은 없다'라고요. 이유는 책 쓰는 과정은 단순히 글을 쓰는 과정과 달리 여러 과정을 필요로 합니다. 지난한 과정임에 틀림없습니다. 그러나 신기하게도 이 과정을 거치고 나면 '다음 책은 뭘 쓰지?'라는 고민에 사로잡힙니다. 그것이 비로소 '작가'가 되었다는 증표이기도 합니다. 한 권의 성공이나 실패에 안주하지 않고 꾸준히 책을 세상에 선보일 수 있었던 비결은 매일 조금씩 쌓아 올린 '쓰는 근육', 즉 지속 가능한 글쓰기 루틴 덕분이었습니다.

공포 소설의 거장 스티븐 킹은 수십 년간 매일 2,000단어를 쓰는 루틴을 단 하루도 거르지 않는 것으로 유명합니다. 그는 글쓰기를 신비로운 영감의 산물이 아니라 성실한 노동의 결과물로 보았습니다. 한 권의 책이 베스트셀러가 되어도 그는 다음 날 아침 어김없이 책상 앞에 앉아 2,000단어를 채워나갔습니다. 이 쓰는 근육이 바로 수많은 걸작을 탄생시킨 엔진이었습니다. 저 역시 책을 쓰면서 다음 원고를 늘 머릿속에 둘 수 있었던 저만의 루틴을 네 가지로 정리해 보았습니다.

1. 멈추지 않는 꾸준한 기록: 노션과 채팅창은 나의 두뇌 저장소

영감은 기다리는 것이 아니라 포착하는 것입니다. 저는 일상의 아주 사소한 발견이라도 일단 기록합니다. 길을 걷다 마주친 풍경, 타인의 대화 속 한 줄, 책을 읽다 스친 생각의 파편들을 스마트폰 메모장이나 수첩에 즉시 옮겨 적습니다. 특히 저는 노션(Notion)과 나와의 채팅창을 적극 활용합니다. 길 위에서 떠오른 짧은 문장은 나와의 채팅창에 던져두고, 조금 호흡이 긴 생각은 노선에 바로 기록합니다. 이런 기록들이 쌓여 임계점을 넘으면, 그것은 자연스럽게 하나의 출간 기획으로 성장합니다. 그동안 출간한 책 중 많은 수가 이 사소한 기록의 뭉치에서 시작되었습니다.

2. 체계적인 정리의 힘: 아이템별 카테고리화

기록이 구슬이라면 정리는 그것을 꿰어 보배로 만드는 과정입니다. 저는 수집된 생각들을 일주일, 혹은 한 달 단위로 체계적으로 정리하는 시간을 갖습니다. 중구난방으로 흩어진 채팅창의 메모와 노선의 단상들을 꺼내어 아이템별로 카테고리화합니다. "이 이야기는 나중에 글쓰기 안내서에 넣으면 좋겠다", "이 사례는 문해력 교재의 핵심 에피소드가 되겠어"라는 식의 배치가 이루어집니다. 이렇게 정리된 아이디어 저장고가 있기에, 한 권의 책을 마감하고도 곧바로 다음 원고를 시작할 수 있는 동력을 얻습니다.

3. 공유를 통한 외부 엔진 가동: 셀프 마감을 만드는 연재 시스템

글쓰기는 혼자만의 동굴 속 작업이지만, 일정 부분은 블로그나 SNS를 통해 세상과 공유해야 합니다. 저는 블로그와 브런치에 주 1회 연재글을 발행하거나, 정기간행물 연재를 맡는 등 강제적인 시스템을 구축합니다. 누군가 내 글을 읽고 있다는 감각은 작가에게 적절한 긴장감과 책임감을 부여합니다. 또한 공유된 글에 달리는 댓글은 원고의 부족한 부분을 채워주는 실시간 피드백이 되며, 때로는 출판사 에디터의 눈에 띄어 예상치 못한 출간 기회로 이어지기도 합니다.

4. 지평을 넓히는 공부와 입력: 글쓰기에서 인문학으로의 확장

작가는 출력(Writing)만 하는 사람이 아니라 끊임없이 입력(Input)하는 사람이어야 합니다. 갖고 있는 자원만 파먹다 보면 금세 밑바닥이 드러나기 마련입니다. 저는 글쓰기라는 출발선에서 시작해 자기표현력, 문해력, 그리고 인문학으로 지평을 넓혀왔습니다. 이러한 의도적인 입력은 자연스럽게 결과물로 이어졌습니다.

글쓰기의 본질을 고민하다《어쩌면 잘 쓰게 될지도 모릅니다》를 썼고, 이 책을 통해 독자들이 스스로 할 수 있는 글쓰기 실천 노하우를 담아《글쓰기가 만만해지는 하루 10분 메모 글쓰기》로 확장했습니다. 이 책이 반응이 좋아 초등학생들을 위한《10분 초등 완성 메모 글쓰기》를 썼습니다. 또한 글을 쓸 때 가장 어려워하는 것이 표현력과 맞춤법, 어휘력임을 알게 되어 이를 해소할 수 있는《자기표현력》,《모르면 호구되는 맞춤법 상식》을 쓰게 되었습니다. 나아가 글쓰기라는 트랙 외에 문해력으로 영역을 확장하여 초등학생과 학부모를 위한《세상 쉬운 그림책 문해력》과《초등문해력수업》시리즈로 확장되었습니다. 그리고 이 모든 경험은 결국 인간의 삶을 통찰하는 인문학으로 영역을 확대하여《불안 대신 인문학을 선택했습니다》로 결실을 보았습니다.

책 한 권을 냈다고 해서 작가의 커리어가 완성되는 것은 아닙니다. 오히려 첫 책의 성공이라는 무게에 짓눌려 다음 글을 쓰지 못하는 소포모어 징크스(sophomore jinx, 일명 속편의 저주, 1편이나 1화의 성공 이후 후속작이 기대에 못 미치는 현상을 이르는 말)를 경계해야 합니다.

지속 가능한 집필이란 결국 나만의 '쓰는 근육'을 믿고 묵묵히 다음 길을 가는 것입니다. 지금 제 머릿속에 다음 원고의 지도가 그려져 있는 이유는, 제가 오늘도 어김없이 기록의 한 줄을 채웠기 때문입니다. 한 권의 결과물에 일희일비하기보다, 평생 쓰는 사람으로 살아가는 것은 쉽지 않습니다. 어쩌면 평생 쓰는 삶이 고통스러울 수도 있습니다. 하지만 그 길을 가겠다고 마음먹었다면 자신만의 글쓰기 루틴을 만드는 것은 당연한 일입니다.

출간 이후

: 작가로 살아남는 법

출판 계약서에 도장을 찍고 나면 세상 모든 고비가 끝난 것 같습니다. 이제 편히 쉬면서 내 책이 나오기를 기다리면 되겠지라고 생각합니다. 하지만 현실은 정반대입니다. 계약서는 "자, 이제부터 진짜 고생 시작입니다"라는 출판사의 정중한 선전포고입니다. 원고라는 원석을 깎아 책이라는 물성으로 만드는 마지막 단계가 남았습니다. 저는 이를 공정(工程)이라 부르고 싶습니다. 사전적 의미로 공정은 '일이 되어 가는 과정' 혹은 '작업의 단계'를 뜻합니다. 주로 제조업에서 원재료를 가공하여 제품을 완성해가는 절차를 말하는데, 출판 역시 작가의 머릿속에 있던 추상적인 생각(원재료)을 독자가 손으로 잡을 수 있는 책(완성품)으로 가공한다는 점에서 적절한 말이 아닐까 합니다. 이 공정은 지금까지 쓴 것보다 더 치밀하고 번잡하고 지난한 '노동'입니다.

먼저 마주하는 거대한 산은 교정과 교열입니다. 여기서 초보 작가들이 당황하는 지점은 작업 환경의 변화입니다. 지금까지는 한글(HWP)이나 워드 파일에서 자유롭게 글자를 지우고 고치는 데 익숙했지만, 교정지는 보통 PDF 파일 형태로 전달됩니다. 실제 인쇄될 책의 판형에 맞춰 디자인이 입혀진 상태이기 때문입니다. 보통은 에디터와 한글 파일 상태에서 1차적인 수정을 주고받으며 큰 흐름을 잡습니다. 하지만 2차 작업부터는 본격적으로 책의 판형에 글을 앉힌 PDF 파일을 받게 됩니다. 이때부터는 메모란에 빼곡히 적힌 수정사항들을 하나하나 대조하며 확인해야 합니다. 특히 판형에 맞추어서 글의 길이를 줄이거나 늘려야 하는 상황이 도래합니다. 한글 프로그램에서는 오타를 발견하면 바로 백스페이스를 눌러 고치면 그만이었지만, PDF 교정은 훨씬 섬세한 주의력이 필요합니다. 직접 텍스트를 수정하는 것이 아니라, 에디터가 알아볼 수 있도록 정확한 위치에 수정 지시를 남겨야 하는 '간접 노동'이기 때문입니다. 익숙하지 않은 툴을 다루다 보면 수정할 부분을 놓치거나, 지시 사항을 엉뚱한 곳에 남기는 실수를 범하기 쉽습니다. 교열교정을 좀 더 꼼꼼하게 하기 위해서는 소리 내어 읽기를 권합니다. 눈으로만 읽을 때 지나쳤던 비문이나 어색한 호흡이 입 밖으로 내뱉는 순간 선명하게 드러납니다. 또한 종이로 출력해서 보기를 권합니다. 책은 결국 종이라는 매체에 얹혀서 세상에 나옵니다. 모니터상의 PDF 화면은 한눈에 들어오지 않아 놓치는 부분이 많습니다. 종이로 출력해 빨간 펜을 들고 직접 대조해 보십시오. 낯선 감각이 뇌를 깨워 평소 보이지 않던 실수를 잡아냅니다. 또한 저는 마지막 교정본의 경우 출력한 원고를 제본하여 수시로 펼쳐보면서 수정을 합니다. 책의 형태로 스프링 제본을 해서 전체적인 감을 익히고 이후 아무 쪽이나 펼쳐보면 수정사항이 더 잘 드러납니다.

이후 수없이 반복해도 부족한 팩트체크와 참고 문헌 정리입니다. 이는 앞의 교정교열과 동시에 일어나는 경우가 흔합니다. 내가 인용한 사례가 정확한지, 통계 수치는 최신인지, 참고 문헌의 작가와 출판 연도는 틀리지 않았는지 샅샅이 뒤져서 확인에 확인을 거듭해야 합니다. 팩트체크와 참고 문헌을 완벽하게 정리하는 법은 우선 교차 검증을 실시합니다. 하나의 검색 결과에 의존하지 말고 최소 두세 곳 이상의 신뢰할 수 있는 출처(학술지, 공식 통계, 원문 등)를 확인해야 합니다.

또한 원문 확인합니다. 인터넷에 떠도는 요약본이 아닌 실제 원전을 확인하는 것이 안전합니다. 보유하고 있는 도서가 아니거나 고전이라면 직접 도서관에 가서 실제 책을 펼쳐보고 대조해 봅니다. 실수를 범하지 않기 위해 집필 초기부터 데이터베이스화하는 것을 병행합니다. 인용한 자료의 제목, 작가, 출판사, 페이지를 별도 문서에 기록해두면 마지막 공정에서 오는 혼란스러움을 줄일 수 있습니다.

자료를 최종 확인하며 참고 문헌 리스트를 정리하다 보면 도서관 사서가 된 기분이 들기도 합니다. 이 과정은 엄청난 글솜씨와는 거리가 멉니다. 엉덩이의 힘으로 버티며 출처의 꼬리를 잡는 지루한 추적극에 가깝지만, 이 탄탄한 근거가 뒷받침되지 않으면 책의 신뢰도는 단숨에 무너지고 맙니다. 마지막으로 남은 공정은 책표지 선택과 레이아웃의 결정입니다. 원고 내용이 정돈되면 책의 얼굴인 표지 선택과 레이아웃 결정이라는 난제가 기다립니다. 디자이너가 보내 온 시안들을 앞에 두고 작가는 깊은 고민에 빠집니다. 내 글의 색깔을 잘 드러내는 색감은 무엇인지, 제목의 서체는 본문의 분위기와 어울리는지 세심하게 살피게 됩니다.

표지는 책의 첫인상을 결정합니다. 독자가 서점에서 내 책을 집어 들게 할 유혹적인 디자인을 골라야 하는데, 작가의 취향과 시장의 트렌드 사이에서 갈등이 시작됩니다. 때로는 목차의 순서를 바꾸거나 소제목을 수정하는 세부 작업도 병행됩니다. 본문의 여백 하나, 자간 하나 결정하는 일조차 가볍게 넘길 수 없습니다. 디자인이 확정되는 순간까지 수많은 수정 요구와 재확인이 오가지만, 마침내 확정된 표지를 확인할 때의 희열은 이루 말할 수 없습니다.

· 혼자가 아니라서 다행인 '함께'의 노동 ·

이 모든 공정은 혼자라면 절대 해낼 수 없는 일입니다. 작가의 시야는 필연적으로 좁아질 수밖에 없습니다. 내 글에 매몰되어 보지 못하는 허점을 날카롭게 짚어주고, 투박한 문장을 세련되게 다듬어주는 에디터가 곁에 있다는 사실은 축복입니다. 밤늦게 수정본을 보내도 묵묵히 검토해주고, 더 나은 제목을 위해 함께 머리를 맞대주는 에디터와의 협업은 고단한 집필 여정에서 만나는 든든한 친구입니다. 때로는 의견 차이로 팽팽하게 대립하기도 하지만, 결국 더 좋은 책을 만들겠다는 공통의 목표를 향해 달리고 있다는 믿음이 작가를 다시 책상 앞에 앉게 합니다.

계약서 도장을 찍는 순간 시작되는 이 치열한 노동은 고통스럽지만 설레는 과정입니다. 무형의 생각들이 구체적인 물성을 가진 책으로 변모해가는 과정을 목격하는 일이기 때문입니다. 번잡하고 고된 공정이 끝나야 비로소 글은 생명력을 얻고 세상 밖으로 나갈 준비를 마칩니다. 갓 인쇄된 책의 향기를 상상하며 마지막 수정을 마칩니다.

✓ 작가로 데뷔하기 위한 셀프 체크리스트

작가로 데뷔하고 지속적으로 활동하기 위해 스스로 점검해봐야 할 핵심 사항들을 정리했습니다. 각 단계에서 스스로에게 질문을 던지며 현재 나의 준비 상태를 확인해 보세요. 각 꼭지별로 나의 내면과 전략을 점검해보는 질문들입니다.

POINT 1　내 원고의 '지정 생존자' 찾기

☐ 내 원고가 대형 서점의 어떤 카테고리 매대에 놓였을 때 이질감이 없는가?

☐ 내가 선정한 출판사의 최근 1년 내 출간 목록 중 내 원고와 '결'이 닮은 책은 무엇인가?

☐ 출판사 규모보다 에디터의 안목이 내 원고의 본질을 더 잘 이해해 줄 것이라고 믿는가?

POINT 2　투고 메일의 정석

☐ 에디터가 월요일 아침 수백 통의 메일 중 내 메일을 클릭해야 할 단 하나의 매력적인 제목 카피는 무엇인가?

☐ 메일 본문에서 내 원고가 독자에게 줄 수 있는 '실질적인 이득'을 한 문장으로 설명할 수 있는가?

☐ 감상적인 호소(정성, 간절함)를 걷어내고도 내 원고의 시장성을 증명할 데이터나 논리가 들어 있는가?

☐ 기획서의 상세 목차만 읽어도 책 한 권의 흐름이 입체적으로 그려지는가?

☐ 샘플 원고의 첫 문장과 첫 단락이 에디터로 하여금 '다음 페이지'를 넘기게 할 만큼 매력적인가?

☐ hwp, pdf 등 출판사가 요구하는 파일 형식을 홈페이지에서 직접 확인했는가?

☐ 거절 메일을 받았을 때, 감정적 대응 대신 원고를 다시 퇴고할 에너지를 어떻게 비축할 것인가?

☐ 간절히 출판하고 싶었던 출판사로부터 거절 메일을 받았을 때, 정중하게 피드백을 요청할 용기가 있는가?

☐ 거절의 이유가 '원고의 질' 때문인지 '시장 상황이나 타이밍' 때문인지 냉정하게 분석해 보았는가?

☐ 출판사의 선택을 기다리는 것보다 내가 직접 독자를 만나는 것이 내 원고의 성격에 더 잘 맞을까?

☐ 크라우드 펀딩이나 POD 출판을 통해 내 글의 잠재적 팬덤을 먼저 확인해 볼 의향이 있는가?

☐ 출판사 이름표가 없어도 내 원고의 본질(질과 양)만으로 독자에게 인정받을 자신감이 있는가?

☐ 에디터의 수정 제안이 내 원고의 '본질'을 해친다면, 나는 어디까지 타협하고 어디서부터 거절할 것인가?

☐ 내가 만날 에디터가 이전에 만든 책을 훑어보았나?

☐ 에디터를 감시자가 아닌, 내 책의 '최초의 독자'이자 '가장 든든한 파트너'로 존중할 마음이 있는가?

☐ 내가 꾸준히 글을 발행하는 사람이라는 것을 증명할 수 있는 온라인 채널(블로그, 브런치 등)이 있는가?

☐ SNS를 단순히 홍보 수단이 아닌, 내 글의 소재를 수집하고 시장성을 실험하는 도구로 즐길 수 있는가?

☐ 내 책을 출간했을 때, 기꺼이 첫 번째 독자가 되어줄 온라인 이웃이 있는가?

☐ 한 권의 출간으로 작가 인생이 끝나는 것이 아니라, 평생 '쓰는 사람'으로 살기 위한 나만의 일일 루틴이 있는가?

☐ 노션이나 메모 앱에 분류된 기획 아이템 중, 지금 바로 다음 원고로 발전시킬 수 있는 주제가 있는가?

☐ 내 원고의 영토를 넓히기 위해 현재 새롭게 공부하거나 입력하고 있는 분야는 무엇인가?

☐ 　눈으로만 훑지 않고 입 밖으로 소리 내어 글을 읽어보았는가? 또한 화면이
　아닌 종이로 출력하여 독자의 시선에서 비문이나 어색한 호흡, 오탈자를
　꼼꼼히 잡아냈는가?

☐ 　인용한 통계, 명언, 사례들의 출처를 최소 두 곳 이상의 경로로 교차
　검증했는가? 특히 인터넷에 떠도는 요약본이 아닌 실제 원전이나 도서관의
　자료를 통해 데이터의 정확성을 확인했는가?

☐ 　책의 얼굴인 표지와 레이아웃을 결정할 때 나의 개인적 취향을 넘어 시장
　트렌드와 독자의 편의성을 고려했는가? 그리고 이 고된 공정을 함께하는
　에디터의 전문적인 조언을 신뢰하며 열린 마음으로 소통하고 있는가?

모두의 책이 잘 팔렸으면 좋겠습니다

"'잘 팔리는 책'이라고요?"

출판사 대표님과 책 제목에 대해 고민하던 어느 날, 지금의 제목을 듣고 제 입 밖으로 튀어나온 말입니다. 고결한 문학적 가치나 작가의 내면을 탐구하는, 밀도 높은 제목까지 꿈꾸진 않았지만 이 솔직하고 노골적인 책 제목 앞에서는 살짝 놀랄 수밖에 없었습니다. 책을 써 본 작가라면 누구나 마음 깊은 곳에 소리 없이 품고 사는, 내적 욕망(?)이 그대로 정면에 박제되는 듯한 느낌이었거든요. 솔직함을 뛰어넘는, '노골적인 대담함'이라고 해야 할까요?

자본주의의 논리가 지배하는 세상이라지만, 적어도 책의 세계에서만큼은 상업적 성공을 여과 없이 드러내는 것을 금기시하는 분위기가 여전합니다. 하지만 한 장 한 장 수정과 퇴고라는 지난한 과정을 거치면 거칠수록 원고 이면에 숨겨진 간절함이 스멀스멀 올라옵니다. 바로 '잘 팔렸으면 좋겠다.'

여기서 말하는 '잘 팔린다'는 것은 단순히 통장 잔고가 불어나는 상업적 성공만을 의미하는 것은 아닙니다. 그것은 내가 밤을 지새우며 쏟아낸 문장들이 누군가의 책상 위에 놓이고, 누군가의 출퇴근길 가방 속에서 함께 숨 쉬며, 끝내 그들의 삶에 가닿기를 바라는 근원적인 소망입니다.

잘 팔리는 책을 꿈꿔야 하는 이유

몇 권의 책을 내면서 수많은 독자로부터 책을 읽고 무료했던 일상에 활기를 찾았다거나 오래 앓았던 힘든 병마와 이별하게 되었다, 매일 조금씩 하다 보니 이전과 다른 삶을 살게 되었다는 피드백을 받을 때마다 생각합니다. 좀 더 많은 분들이 이렇게 되면 얼마나 좋을까라고요.

세상에 읽히지 않는 책만큼 슬픈 유령은 없습니다. 작가가 수개월, 혹은 수년을 바쳐 빚어낸 사유의 결과물이 서점의 구석진 서가에서 먼지만 쌓이다가 파쇄기로 향하는 현실은 오이디푸스 저리가라 할 만큼의 비극입니다. 우연히 들어간 서점에서 혹시나 하는 마음에 자신이 쓴 책이 화려한 매대가 아닌 구석진 서가에 제일 아래쪽 누군가의 시선을 받기조차 어려운 곳에 꽂혀 있다면 그 순간 마음이 아려옵니다. 누군가의 눈에 담기지 못한 책은 아무리 훌륭하더라도, 그것은 소통되지 못한 채 중얼거리는 '혼잣말'에 가깝습니다.

'잘 팔리는 책'을 꿈꿔야 하는 이유가 여기에 있습니다. 책이 팔린다는 것은, 그것도 잘 팔린다는 것은, 작가의 생각이 타인의 세계로 침투할 기회를 얻었다는 뜻입니다. 누군가의 고독을 위로하고, 누군가의 굳게 닫힌 편견에 균열을 내며, 누군가에게는 새로운 삶의 이정표를 제시할 '연결'의 통로가 확보되었다는 의미입니다.

잘 팔리는 책을 만드는 '절대적인 시간'의 힘

하지만 '잘 팔리는 책'은 결코 쉽게 탄생하지 않습니다. 앞선 본문에서 수많은 체크리스트와 글쓰기 루틴이 있는 것을 보셨을 겁니다. 그만큼 책을 쓴다는 것은 많은 공정이 필요한 일입니다. 또한 요행이나 얄팍한 마케팅 기술만으로도 이루어지지 않습니다. 제가 이 책을 통해 강조하고 싶었던 것은 '잘 팔리는 책'이 되기 위해서는 무엇보다 절대적인 '시간'의 축적이 필요하다는 사실입니다. 독자의 지갑을 열게 하는 것은 화려한 표지일 수도 있지만 독자의 마음을 열어 입소문을 내게 하는 것은 문장 사이사이에 스며든 작가의 인내입니다. 단숨에 써 내려간 가벼운 위로보다는, 수만 번의 퇴고를 거치며 벼려진 날카로운 통찰과 사유가 더 오래 살아남습니다. 글이 발효되는 시간, 작가의 철학이 삶 속에서 검증되는 시간, 그리고 독자의 삶에 스며들어 뿌리내리는 시간까지. 이 물리적이고 심리적인 시간의 축적이 생략된 책은 결코 '잘 팔리는' 책이 될 수 없습니다.

우리는 빨리 팔리는 책이 아니라, 시간이 흐를수록 가치가 증명되어 '결국 잘 팔리는 책'을 지향해야 합니다. 지금 당장 결과가 보이지 않더라도 조급한 마음을 잠시 내려놓고 자신만의 기록과 책 쓰기 루틴을 믿고 하루하루 조금씩 써 내려가세요. 그런 하루하루가 모여 여러분이 쓴 책이 더 넓은 세상에서, 더 좋은 독자들을 만나기를 바랍니다.

오늘도 어디선가 자신만의 이야기를 책으로 쓰고 계신 작가님들의 그 '시간'을 응원하겠습니다. 그리고 '이왕이면' 아주 잘 팔리는 책이 되길 기원합니다.

참고 문헌

《서울 자가에 대기업 다니는 김부장 이야기 1,2,3》, 송희구, 서삼독, 2021

《감옥으로부터의 사색》, 신영복, 돌베개, 2018

《스토리 Story》, 티모시 윌슨, 웅진지식하우스, 2012

《부자의 경제학, 빈민의 경제학》, 유시민, 초판 푸른나무, 1998

《거꾸로 읽는 세계사》, 유시민, 초판 푸른나무, 1988, 전면 개정판 돌베개, 2021

《유럽도시기행 1,2》, 유시민, 생각의 길, 2022

《국가란 무엇인가》, 유시민, 돌베개, 2017

《문과 남자의 과학 공부》, 유시민, 돌베개, 2023

《덕후가 브랜드에게》, 편은지, 투래빗, 2024

《줄 서서 보는 그림의 비밀》, 이정우, 투래빗, 2025

《컨셉수업》, 김동욱, 비즈니스북스, 2021

《최소한의 한국사》, 최태성, 프런트페이지, 2023

《하마터면 열심히 살 뻔했다》, 하완, 오리지널스, 2024

《변신》, 프란츠 카프카, 한영란 역, 더클래식, 2020

《칼의 노래》, 김훈, 문학동네, 2012. 관련기사

《수상록》, 미셸 드 몽테뉴, 손우성 역, 문예출판사, 2025

《이방인》, 알베르 카뮈, 김화영 역, 책세상, 2013

《아내를 모자로 착각한 남자》, 올리버 색스, 이은선 역, 알마, 2016

https://campaign.naver.com/blogpeople/?15. 네이버 블로그 피블, 2022. 4. 송희구에게 블로그는 또 다른 나로 살아가기 위한 시작이다

https://www.joongang.co.kr/article/3390108 중앙일보, 2008.11. 24. '꽃은 피었다'가 아닌 '꽃이 피었다'로 쓴 까닭은

이왕이면 잘 팔리는 책을 쓰고 싶어

2026년 3월 5일 초판 1쇄 인쇄
2026년 3월 15일 초판 1쇄 발행

지은이   이윤영
펴낸이   이소영
디자인   정나영 (@warmbooks_)

펴낸곳   투래빗
주소   서울시 도봉구 방학로 3길 13, 3층
전화   070-4506-4534
팩스   050-4360-6780
이메일   2rbbook@gmail.com

ⓒ이윤영, 2026
ISBN   979-11-24327-01-2 03300
값 17,000원